Das magische Baumhaus

Mit Anne und Philipp bei den Delfinen

Das magische Baumhaus

Mary Pope Osborne · Natalie Pope Boyce

Mit Anne und Philipp bei den Delfinen

Loewe

Der Umwelt zuliebe ist dieses Buch
auf chlorfrei gebleichtem Papier gedruckt.

ISBN-10: 3-7855-4523-1
ISBN-13: 978-3-7855-4523-2
1. Auflage 2006
Sonderausgabe. Bereits als Einzelbände unter den Originaltiteln *Dolphins at Daybreak* (Copyright Text © 1997 Mary Pope Osborne) und *Magic Tree House Research Guide – Dolphins and Sharks* (Copyright Text © 2003 Mary Pope Osborne und Natalie Pope Boyce, Copyright Illustrationen © 2003 Sal Murdocca) erschienen.

Erschienen in der Original-Serie *Magic Tree House*™.
Magic Tree House™ ist ein Trademark von Mary Pope Osborne, das der Originalverlag in Lizenz verwendet.
Veröffentlicht mit Genehmigung des Originalverlags, Random House Children's Books, a division of Random House, Inc.

Als Einzeltitel in der Reihe *Das magische Baumhaus* sind bereits erschienen: *Der Ruf der Delfine* (1) und *Forscherhandbuch Delfine und Haie* (2).
Aus dem Amerikanischen übersetzt von Sabine Rahn (1), Petra Wiese (2)
Innenillustrationen: Rooobert Bayer (1), Sal Murdocca und Rooobert Bayer (2)
Umschlagillustration: Jutta Knipping
Reihenlogo und Vorsatzillustration: Jutta Knipping
Umschlaggestaltung: Nicole Burghardt
Printed in Germany (007)

www.loewe-verlag.de

Inhalt

Der Ruf der Delfine

Forscherhandbuch
Delfine und Haie

Der Ruf der Delfine

Meister-Bibliothekare

Philipp schaute zum Küchenfenster hinaus.

Die Sonne war noch nicht aufgegangen. Doch der Himmel wurde bereits etwas heller.

Philipp war schon lange wach. Er hatte über seinen Traum von letzter Nacht nachgedacht – einen Traum über Morgan.

„Das Baumhaus ist wieder da“, hatte Morgan im Traum zu ihm gesagt. „Ich warte auf euch.“

Philipp wünschte sich, dass Träume wahr sind. Morgans magisches Baumhaus fehlte ihm sehr.

„Philipp!“ Seine Schwester Anne stand plötzlich in der Tür. „Wir müssen in den Wald. Sofort!“, sagte sie.

„Warum?“, wollte Philipp wissen.

„Ich habe von Morgan geträumt!“, antwortete Anne mit strahlenden Augen. „Sie hat mir im Traum gesagt, das Baumhaus sei wieder da und sie warte auf uns!“

„Hey, das habe ich auch geträumt“, sagte Philipp verblüfft.

„Wirklich?“, fragte Anne. „Dir hat sie es auch gesagt? Dann muss es ja um etwas sehr Wichtiges gehen.“

„Unsinn, Träume haben doch nichts mit der Wirklichkeit zu tun“, meinte Philipp kopfschüttelnd.

„Stimmt, manche Träume nicht. Aber dieser schon“, erklärte Anne. „Ich spüre es.“ Sie öffnete die Hintertür. „Also, dann bis nachher!“

„Warte, warte! Ich komme mit!“, rief Philipp.

Er stürmte die Treppe hinauf. „Dass Anne und ich denselben Traum hatten, muss eine Bedeutung haben“, dachte er.

Er schnappte sich seinen Rucksack und warf rasch sein Notizbuch und einen Stift hinein.

Dann rannte er wieder nach unten.

„Wir sind bald zurück, Mama!“, rief Philipp ins Wohnzimmer.

„Wohin wollt ihr denn schon so früh?“, fragte sein Vater verwundert.

„Nur ein bisschen spazieren gehen“, antwortete Philipp.

„Vergangene Nacht hat es geregnet“, meinte seine Mutter. „Passt auf, dass ihr keine nassen Schuhe bekommt.“

„Ja, ja, wir passen auf!“

Und schon war Philipp zur Tür hinausgestürmt. Draußen wartete Anne auf ihn.

„Gehen wir!“, rief sie ungeduldig.

Der Himmel war blassgrau, und der Regen hatte die Luft gereinigt.

Philipp und Anne rannten durch die Straße, in der sie wohnten, in Richtung des Waldes von Pepper Hill.

Sie rannten an hohen Bäumen vorbei. Bald kamen sie bei der höchsten Eiche im ganzen Wald an. Ganz oben in ihrem Wipfel sahen sie ein Baumhaus.

„Es ist wieder da!“, flüsterte Philipp überglücklich.

Jemand schaute zum Fenster des Baumhauses heraus – eine reizende alte Dame mit langen, weißen Haaren. Morgan.

„Kommt herauf!“, rief ihnen die Zauberin und Bibliothekarin zu.

Philipp und Anne kletterten die Strickleiter hinauf ins Baumhaus.

Im Licht der Morgendämmerung sahen sie Morgan vor sich stehen. Sie sah wunderschön aus in ihrem roten Samtkleid.

Philipp rückte seine Brille zurecht. Er lächelte zufrieden vor sich hin.

„Wir haben beide von Ihnen geträumt!“, sagte Anne.

„Ich weiß“, antwortete Morgan.

„Echt wahr?“

„Natürlich, ich habe euch den Traum doch geschickt", erklärte Morgan. „Weil ich eure Hilfe brauche."

„Welche Art von Hilfe?", erkundigte sich Philipp.

„Merlin der Zauberer arbeitet wieder mit seinen alten Tricks", sagte Morgan. „Deshalb hatte ich in den letzten Wochen leider keine Zeit mehr, neue

Bücher für die Bibliothek von Camelot zu sammeln."

„Können wir sie nicht für Sie sammeln?", fragte Anne.

„Ja, aber damit ihr mit den Büchern durch die Zeit reisen könnt, müsst ihr Meister-Bibliothekare sein", erklärte Morgan.

„Oh", sagte Anne betrübt.

„Aber ihr könnt Meister-Bibliothekare werden", fuhr Morgan fort. „Ihr müsst nur den Test bestehen."

„Wirklich?", fragte Anne.

„Was für ein Test?", erkundigte sich Philipp.

„Ihr müsst unter Beweis stellen, dass ihr wisst, wie man Nachforschungen anstellt", erläuterte Morgan. „Und beweisen, dass ihr auch für schwierige Rätsel die Lösung findet."

„Und wie?“, wollte Anne wissen.

„Indem ihr vier Rätsel löst“, antwortete Morgan. Sie griff in die Falten ihres Samtkleides und zog eine Schriftrolle heraus.

„Das erste Rätsel steht auf dieser alten Schriftrolle“, sagte sie. „Und dieses Buch hier wird euch helfen, die richtige Antwort zu finden.“

Sie reichte ihnen ein Buch. Auf dem Umschlag stand: *Ozeanführer*.

„Und dorthin müsst ihr reisen“, fuhr Morgan fort.

„Wow! Der Ozean!“, rief Anne und deutete mit dem Finger auf den Umschlag. „Ich wünschte, wir ...“

„Stopp!“ Philipp packte Annes Hand. „Woher wissen wir, wann wir die richtige Antwort für das Rätsel gefunden haben?“, wollte er von Morgan wissen.

OZEAN
FÜHRER

„Das werdet ihr schon wissen“, antwortete Morgan geheimnisvoll. „Ich verspreche euch, dass ihr es erfahren werdet.“

Philipp ließ Annes Hand wieder los. Sie zeigte erneut auf den Umschlag und sprach ihren Wunsch zu Ende. „Ich wünschte, wir wären dort.“

Der Wind begann zu blasen.

„Kommen Sie nicht mit, Morgan?“, rief Philipp.

Doch ehe Morgan ihm eine Antwort hätte geben können, begann sich das Baumhaus zu drehen.

Philipp machte ganz fest die Augen zu.

Das Baumhaus drehte sich, immer schneller und schneller.

Dann war alles wieder ruhig. Vollkommen ruhig.

Philipp machte die Augen auf.

Morgan war verschwunden.

An der Stelle, an der sie eben gestanden hatte, lagen nur noch die Schriftrolle und das Ozean-Buch.

Das Riff

Eine sanfte Brise wehte zum Fenster herein. Seemöwen kreischten. Wellen plätscherten ans Ufer.

Anne nahm die Schriftrolle zur Hand. Sie rollte sie auseinander. Dann lasen sie und Philipp zusammen das Rätsel:

Bin wie ein Stein so rau,
so unscheinbar und grau.
Doch in mir liegt große Schönheit versteckt,
wer sie wohl zuerst entdeckt?
Was bin ich?

„Das werden wir herausfinden!“, sagte Anne.

Sie und Philipp blickten zum Fenster hinaus. Das Baumhaus war nicht auf einem Baum gelandet. Es stand auf dem Boden.

„Warum ist der Boden hier so rosa?“, fragte Philipp.

„Keine Ahnung“, antwortete Anne. „Aber ich gehe gleich hinaus.“

„Ich möchte zuerst ein paar Nachforschungen anstellen“, sagte Philipp.

Anne kletterte aus dem Baumhaus.

Philipp nahm das Ozean-Buch in die Hand und blätterte es durch.

Bald schon hatte er das Bild einer rosafarbenen Insel entdeckt, umgeben von herrlich türkisfarbenem Wasser. Unter dem Bild stand:

Das ist ein Korallenriff. Korallen sind winzige Meerestierchen, deren Skelette nach ihrem Tod erhalten bleiben. Im Laufe vieler Jahrzehnte bilden sich aus diesen Skeletten große Korallenriffe.

„Oh Mann, winzige Skelette!“, rief Philipp. Er zog sein Notizbuch aus dem Rucksack und schrieb:

Millionen winziger Korallenskelette

„Philipp! Komm schnell! Das musst du dir ansehen!“, rief Anne von draußen.

„Was denn?“

„Ich weiß nicht. Aber es wird dir gefallen!“, rief sie zurück.

Philipp warf sein Notizbuch und den Ozeanführer in den Rucksack. Dann kletterte er aus dem Fenster.

„Ist es schon die Lösung des Rätsels?“, fragte er aufgeregt.

„Ich glaube nicht. Es sieht nicht gerade unscheinbar aus“, antwortete Anne.

Sie stand am Ufer neben einem merkwürdig aussehenden Gerät.

Philipp rannte über den unebenen Korallenboden, um diesen Gegenstand aus der Nähe zu betrachten.

Das Gerät befand sich zu einer Hälfte auf dem Riff, zur anderen Hälfte in dem klaren, blauen Wasser. Es sah aus wie eine riesige, weiße Blase mit einem großen Fenster.

„Ist das eine besondere Art von Boot?“, fragte Anne.

Philipp entdeckte eine Abbildung von dem Gerät in seinem Ozeanführer. Er las vor:

Wissenschaftler, die die Ozeane erforschen, werden Ozeanografen genannt. Manchmal fahren sie mit kleinen Unterwasserfahrzeugen, auch „Mini-U-Boote“ genannt, über den Meeresboden, um ihn zu erforschen.

„Es ist ein Mini-U-Boot“, erklärte Philipp und holte sein Notizbuch heraus.

„Komm, steigen wir ein“, sagte Anne.

„Nein!“, rief Philipp entsetzt. Natürlich hätte auch er gerne gewusst, wie so ein U-Boot von innen aussieht. Doch er schüttelte den Kopf. „Das dürfen wir nicht. Es gehört uns nicht.“

„Ach, komm, wir werfen doch nur einen Blick hinein“, sagte Anne. „Vielleicht hilft uns das bei der Lösung des Rätsels.“

Philipp seufzte. „Na schön, okay.

Aber wir müssen aufpassen. Du darfst nichts anfassen", sagte er warnend.

„Keine Angst", versprach ihm Anne.

„Und zieh dir die Schuhe aus, damit sie nicht nass werden", sagte Philipp.

Er und Anne zogen sich Schuhe und Strümpfe aus und warfen sie hinter sich in Richtung Baumhaus.

Dann tapsten sie vorsichtig über das Korallenriff.

Anne drehte den Griff an der Luke des Unterseeboots. Die Tür ließ sich mühelos öffnen.

Sie und Philipp kletterten hinein. Die Luke schlug hinter ihnen zu.

Das U-Boot war wirklich winzig. Gegenüber des großen Fensters befanden sich zwei Sitze. Vor den Sitzen war ein Schaltbrett mit einem eingebauten Computer angebracht.

Anne setzte sich.

Philipp schlug den Ozeanführer auf und las auf der Seite, auf der das Mini-U-Boot abgebildet war, weiter:

Mini-Unterseeboote haben einen starken Rumpf, damit keine Luft entweicht und damit die Insassen vor dem Wasserdruck geschützt sind. Mithilfe eines Computers lassen sich die Mini-U-Boote durch das Wasser lenken.

„Hoppla“, rief Anne plötzlich.

„Was ist los?“ Philipp blickte auf.

Aufgeregt deutete Anne auf den Computer-Bildschirm. Auf ihm war plötzlich eine Landkarte zu sehen.

„Was hast du gemacht?“, fragte Philipp.

„Ich? Nichts ... Ich habe nur ein paar Tasten gedrückt“, sagte Anne kleinlaut.

„Was? Ich hatte dir doch gesagt, dass wir nichts anfassen dürfen!“, schimpfte Philipp.

Ein Gebläse sprang an. Das Mini-U-Boot machte einen Satz rückwärts.

„Nichts wie raus hier!“, rief Philipp.

Er und Anne stürzten zur Luke. Philipp fasste nach dem Türgriff.

Doch es war bereits zu spät.

Das Mini-U-Boot glitt langsam vom Riff. Dann versank es lautlos in den Tiefen des Meeres.

Das Mini-U-Boot

„Was hast du jetzt nur wieder angestellt, Anne!“, rief Philipp.

„Entschuldige, tut mir Leid“, stammelte Anne. „Aber schau doch mal zum Fenster hinaus!“

„Vergiss es! Wir müssen erst das hier klären!“ Philipp starrte auf den Bildschirm.

„Was genau hast du gemacht?“, fragte er.

„Ich habe nur auf den Knopf gedrückt, auf dem AN steht“, sagte Anne. „Dann ist der Bildschirm hell geworden. Und dann habe ich den Seestern angeklickt.“

„Das muss der Befehl sein, unter Wasser zu gehen“, sagte Philipp.

„Ja. Und als Nächstes war diese Karte zu sehen“, fuhr Anne fort.

„Okay. Das ist eine Karte des Riffs“, stellte Philipp fest. „Schau! Das Mini-U-Boot ist auch auf der Karte zu sehen. Es bewegt sich im Moment vom Riff weg.“

„Das ist ja wie bei einem Computerspiel“, sagte Anne. „Ich wette, ich weiß genau, was zu tun ist.“

Anne drückte auf die Taste, auf der ein nach rechts zeigender Pfeil abgebildet war. Das Mini-U-Boot auf dem Bildschirm bewegte sich nach rechts. Auch das echte Mini-U-Boot, in dem sie gerade saßen, bewegte sich nach rechts.

„Super!“, sagte Philipp erleichtert. „Mit diesen Pfeilen kann man das U-Boot lenken. Dann können wir jetzt ja wieder umkehren.“

„Nein, noch nicht“, widersprach Anne. „Es ist so wunderschön hier unten.“

„Wir müssen zum Riff zurück“, erklärte Philipp. Seine Augen waren noch immer auf den Bildschirm geheftet. „Was ist, wenn der Besitzer mitbekommt, dass sein U-Boot verschwunden ist?“

„Schau doch endlich mal hinaus“, sagte Anne. „Nur für einen kurzen Moment.“

Philipp seufzte. Er rückte seine Brille zurecht und blickte auf. „Oh Mann!“, sagte er leise.

Vor dem Fenster war eine verzauberte, farbenprächtige Welt zu sehen.

Philipp kam sich vor wie auf einem fremden Planeten.

Das Mini-U-Boot glitt an roten, gelben und blauen Korallen vorbei – an kleinen Hügeln, Tälern und Höhlen aus Korallen – an Fischen aller Arten und Farben.

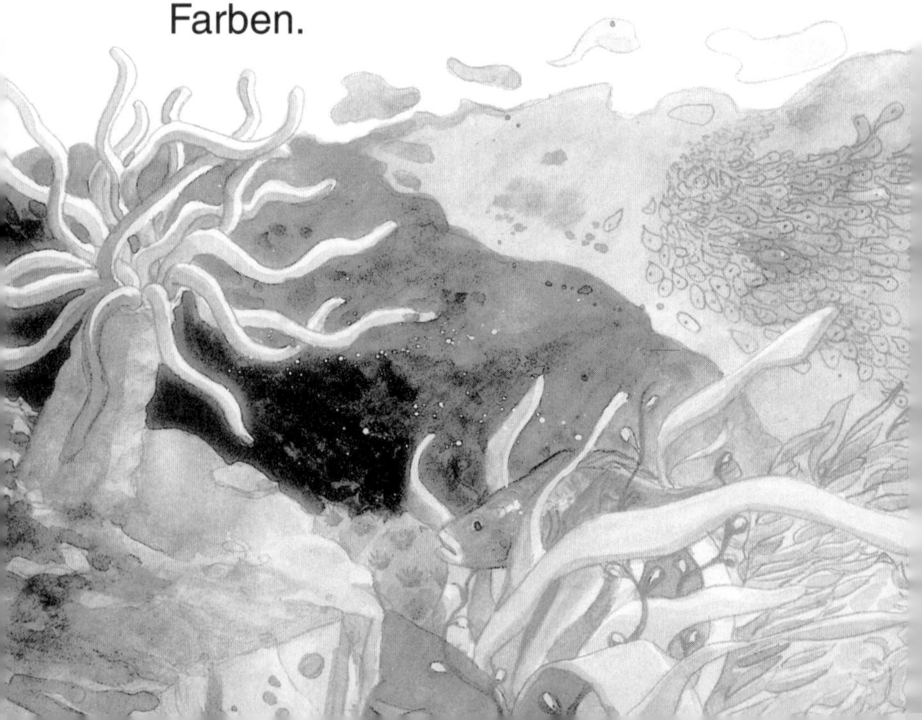

„Können wir nicht noch eine Weile hier unten bleiben? Die Antwort auf Morgans Rätsel kann nur hier zu finden sein", sagte Anne.

Philipp nickte bedächtig. „Vielleicht hat Anne Recht", dachte er. Und außerdem – wann würden sie jemals wieder an einem so märchenhaften Ort sein?

Bei den Fischen

Überall waren Fische zu sehen: Sie glitten über sanft wogendes Seegras hinweg, nibbelten am weißen, sandigen Meeresgrund und lugten zwischen Korallen hervor.

Manche Korallenarten sahen aus wie blaue Finger oder Spitzenfächer. Andere erinnerten an ein Geweih, ein Salatblatt, einen Pilz oder einen Baum.

Philipp las in dem Ozeanführer nach:

Korallenriffe findet man nur in tropischen Gewässern. In der Nähe der Korallenriffe im Indischen und Pazifischen Ozean gibt es nahezu 5 000 verschiedene Fischarten.

Philipp griff nach seinem Notizbuch und dem Stift. Er begann, eine Liste zu machen.

Nachforschungen am Korallenriff
warmes Wasser
etwa 5000 verschiedene Fischarten

„Schau nur!“, rief Anne in diesem Augenblick.

Das U-Boot glitt gerade an einem riesigen Seestern vorbei. Dann an einer rosafarbenen Qualle. Und an einem blauen Seepferdchen.

Philipp notierte auf seiner Liste:

Seesterne
Quallen
Seepferdchen

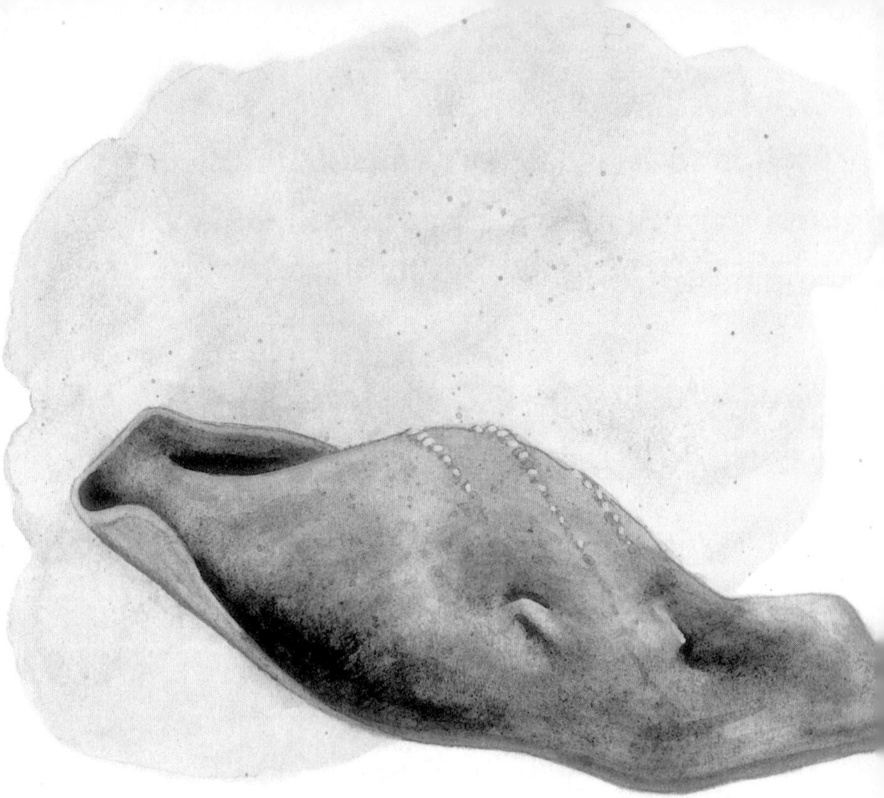

„Was ist denn das?“, fragte Anne neugierig.

Philipp erblickte ein Lebewesen, das wie ein riesiger Pfannkuchen mit einem langen Schwanz aussah.

„Ein Stachelrochen!“, antwortete er. Den schrieb er auch gleich auf seine Liste.

„Und das?“, rief Anne.

Sie zeigte auf die größte Muschel, die Philipp je gesehen hatte.

„Da muss ich erst nachsehen“, sagte Philipp. Er blätterte den Ozeanführer durch. Als er auf den Seiten mit den essbaren Muscheln angekommen war, las er vor:

Die Riesenmuschel der Korallenriffe hat fast einen Meter Durchmesser und wiegt bis zu 100 Kilogramm.

„Wow!“, sagte Anne beeindruckt.

„Echt Wahnsinn“, sagte Philipp. Er fügte „Riesenmuschel“ seiner Liste hinzu.

„Delfine!“, rief Anne plötzlich.

Philipp blickte auf. Zwei Delfine starrten zum Fenster herein. Sie klopften mit ihren Nasen an die Scheibe.

Ihre Augen schimmerten hell. Sie schienen zu lächeln.

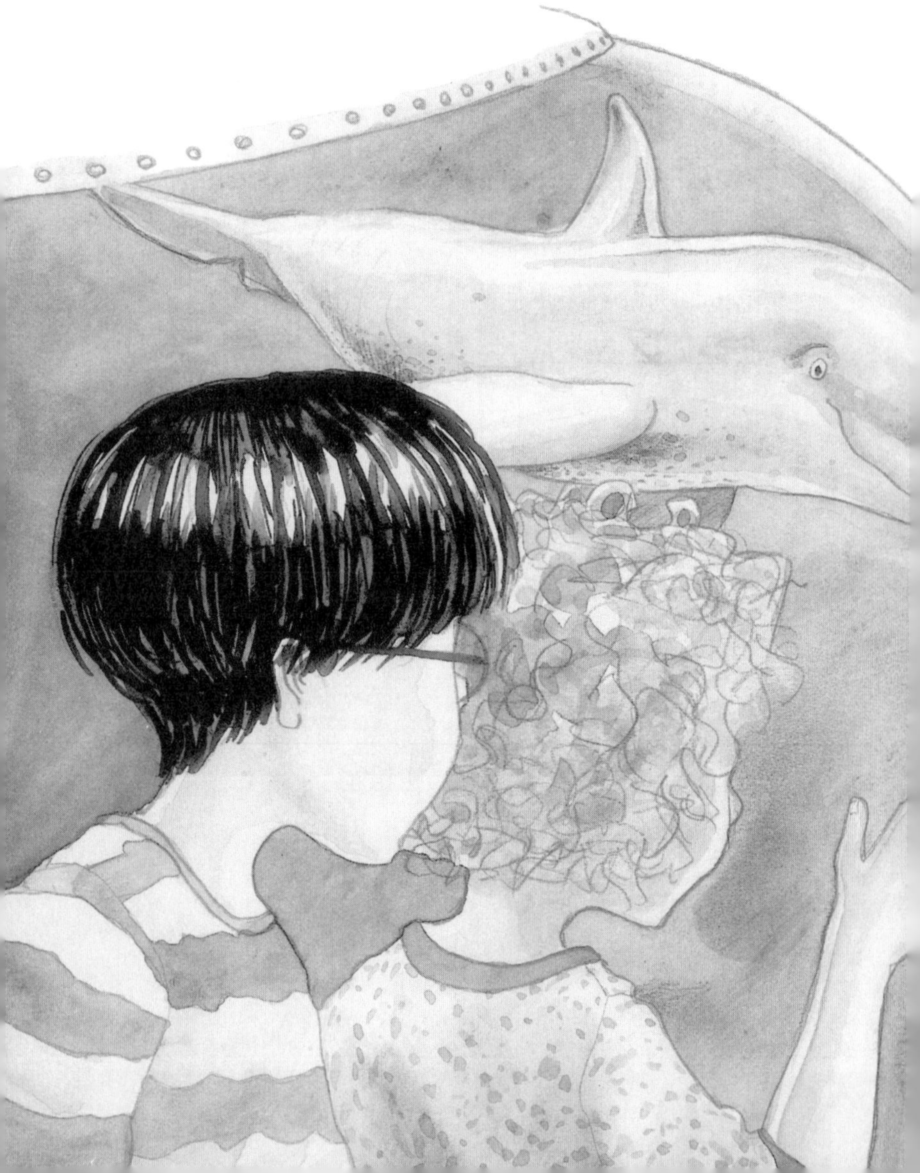

Philipp musste lachen. „Ich komme mir vor, als säßen wir in einem Aquarium und sie schauten uns an!“, sagte er.

„Die beiden heißen Sukie und Sam“, erklärte Anne. „Sie sind Bruder und Schwester.“

„Du spinnst ja“, sagte Philipp.

Doch das störte Anne nicht weiter. „Hier, ein Küsschen für dich, Sukie", sagte sie. Sie drückte ihre Lippen an die Scheibe, als wolle sie dem Delfin einen Kuss auf die Nase drücken.

„Oh Mann", sagte Philipp kopfschüttelnd.

Doch der Delfin öffnete den Mund und warf den Kopf zurück. Er schien zu lachen.

„Hey, jetzt weiß ich die Lösung des Rätsels – Delfine!", sagte Anne. „Sie sind grau und unscheinbar. Aber sie besitzen eine große innere Schönheit."

„Du vergisst die Zeile ‚rau wie ein Stein'", rief Philipp ihr in Erinnerung. „Die Haut der Delfine sieht mir eher glatt und glitschig aus."

„Ach ja, stimmt", sah Anne ein.

Die Delfine schlugen mit ihrer Schwanzflosse. Dann kehrten sie um und schwammen im türkisblauen, klaren Wasser davon.

„Wartet! Bleibt doch noch ein bisschen!", rief Anne ihnen nach. „Sukie!"

Doch die Delfine waren schon wieder verschwunden.

„Auch für uns ist es Zeit zu gehen", sagte Philipp. Er hatte Angst, der Besitzer des U-Boots könnte das Verschwinden inzwischen bemerkt haben.

„Aber wir haben das Rätsel noch nicht gelöst“, gab Anne zu bedenken.

Angestrengt starrte Philipp auf die farbenprächtige Unterwasserwelt.

„Ich kann da draußen keine Lösung sehen“, sagte er. „Ich sehe nichts Unscheinbares weit und breit.“

„Dann müssen wir die Lösung vielleicht hier im U-Boot suchen“, meinte Anne.

Sie blickten sich in dem winzigen Gehäuse um.

„Ich sehe mal im Computer nach“, sagte Philipp. Er studierte die Bildleiste oben auf dem Bildschirm.

Er klickte das Bildchen mit dem Buch an.

Das Wort LOGBUCH blitzte auf.

Zwei Augen

„Was ist ein Logbuch?“, fragte Anne.

„Eine Art Tagebuch von einer Seereise“, antwortete Philipp.

Er starrte auf den Bildschirm und las den ersten Eintrag im Logbuch:

MONTAG, 5. JULI

„Hey, das war ja letzte Woche“, sagte Philipp. Er las weiter:

GESTEINS- UND MUSCHELPROBEN
EINGESAMMELT
MEERESBODEN KARTOGRAFISCH
ERFASST

WINZIGEN RISS IM BOOTSRUMPF
ENTDECKT

„Das ist ja so ähnlich wie dein Notizbuch“, sagte Anne.

„Stimmt, der Ozeanograf hat seine Notizen hier im Computer aufgezeichnet“, meinte Philipp.

Gespannt lasen Philipp und Anne weiter:

DIENSTAG, 6. JULI
RISS HAT SICH VERGRÖSSERT
BALDIGE RÜCKKEHR ZUM RIFF
UNERLÄSSLICH

„Welcher Riss?“, fragte Anne.

„Keine Ahnung“, antwortete Philipp und zuckte mit den Schultern. Er las weiter:

MITTWOCH, 7. JULI
WEITERE WINZIGE RISSE
REPARATUR UNMÖGLICH
NOCH HEUTE RÜCKKEHR ZUM RIFF

„Oh, das hört sich nicht gut an“, sagte Philipp und las weiter:

DONNERSTAG, 8. JULI
U-BOOT DEFEKT
RÜCKKEHR ZUM RIFF
HUBSCHRAUBER ANFORDERN, DER DAS BOOT ZUM SCHROTTPLATZ BRINGT

„Defekt bedeutet kaputt, oder?“, fragte Anne.

„Ja“, bestätigte Philipp.

„Dann ist dieses Boot hier also kaputt, stimmt’s?“, fuhr Anne fort.

„Ja", antwortete Philipp. „Und es lag am Strand, weil ein Hubschrauber es wegbringen sollte. Zum Schrottplatz."

„Hilfe!", rief Anne.

„Ich fürchte, wir müssen wirklich auf der Stelle umkehren", sagte Philipp.

„Versuchen wir es mal mit dem Bildchen mit den Wellen", schlug Anne vor.

Und schon klickte sie das besagte Bildchen auf dem Bildschirm an.

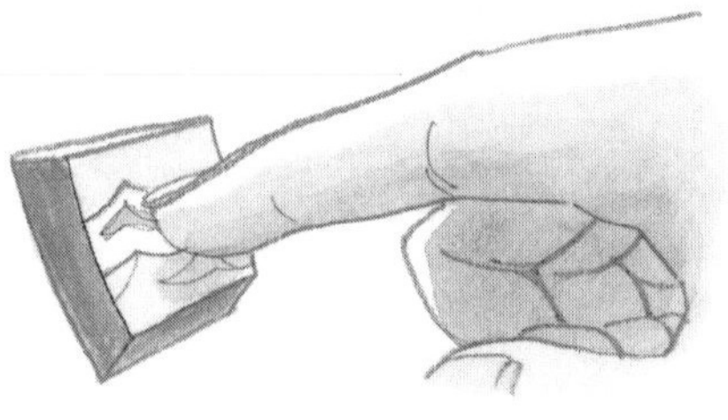

Das Mini-U-Boot begann, langsam aufzusteigen.

„Oh, gut", sagte Philipp erleichtert.

Ihr U-Boot glitt an kleinen Korallenhügeln vorbei, an Fischschwärmen und an wogenden Gräsern.

„Oh!“, sagte Anne auf einmal atemlos.

Auch Philipp schnappte nach Luft.

Hinter einer riesigen Wasserpflanze waren zwei Augen zu sehen. Sie sahen fast menschlich aus – abgesehen davon, dass sie so groß waren wie Golfbälle.

Das U-Boot glitt an dem riesigen Gewächs vorbei. Philipp stieß einen Seufzer der Erleichterung aus.

„Was ...? Wem ...?“, stammelte Anne.

„Frag lieber nicht“, bat Philipp leise.

Gebannt blickten sie zu der Pflanze zurück.

Und genau in diesem Augenblick tauchte ein langer Arm auf.

Dann ein weiterer Arm.

Und dann noch einer ... und noch einer ... und noch einer ... und noch einer ... und noch einer ... und noch einer!

Philipp und Anne starrten voller Entsetzen auf einen Riesenkraken.

„Er hat es auf uns abgesehen“, stammelte Anne mit weit aufgerissenen Augen.

Langsam kam der Riesenkrake durch das Wasser geglitten. Seine acht langen Fangarme griffen nach dem Mini-U-Boot.

K-N-A-C-K-S!

Der Riesenkrake umschlang das Mini-U-Boot mit allen acht Fangarmen. An jedem Fangarm hatte er zwei Reihen von Saugnäpfen. Diese Saugnäpfe klebten am Fenster.

Das Mini-U-Boot konnte sich nicht mehr von der Stelle bewegen.

Der Riesenkrake starrte Philipp und Anne mit seinen beeindruckend großen, fast menschlich aussehenden Augen an.

„Ich glaube nicht, dass er uns etwas tun will", flüsterte Anne. „Er ist bestimmt nur neugierig."

„Das ... das werde ich nachprüfen", sagte Philipp.

Seine Hand zitterte leicht, als er den Ozeanführer durchblätterte.

Schließlich entdeckte er die Abbildung eines Riesenkraken und las vor:

Riesenkraken sind eher freundliche, scheue Wesen. Doch manchmal siegt ihre Neugier, und sie trauen sich aus ihrem Versteck hervor.

„Ah. Siehst du, ich habe es ja gleich gesagt. Er ist scheu“, sagte Anne. Dann erklärte sie dem Riesenkraken mit lauter, deutlicher Stimme: „Hallo, ich bin Anne! Und das ist mein Bruder Philipp!“

„Mann, oh Mann“, stöhnte Philipp. Er las weiter:

Die Riesenkraken sind jedoch sehr kräftig. Am Ende ihrer Fangarme, auch Tentakeln genannt, sitzen zahlreiche Saugnäpfe, die nach dem Prinzip des Unterdrucks funktionieren. Einen Gegenstand aus ihrer Umklammerung zu befreien, ist fast unmöglich.

„Na super“, stöhnte Philipp. „Den werden wir nie mehr los.“

In diesem Augenblick spürte er einen Tropfen auf seinen Arm fallen. Wasser! Er blickte hoch an die Decke.

„Oje“, sagte Anne.

An der Decke war ein dünner Riss zu sehen. Und von diesem dünnen Riss zweigten weitere, kleinere Risse ab.

Aus den Rissen tropfte Wasser.

„Oh, jetzt haben wir die Risse entdeckt“, sagte Anne.

„Der Krake soll uns endlich loslassen! Bevor die Decke noch ganz einbricht!“, rief Philipp.

„Lass uns los, bitte! Bitte!“, rief Anne dem Kraken zu.

Die riesige Kreatur blinzelte, als versuche sie, Anne zu verstehen.

„Bitte! Bitte! Sei ein liebes Tier!“, rief Anne.

„Lass das, Anne“, sagte Philipp. „Dem Kraken ist doch völlig egal, was du sagst, oder ob du ihn um etwas bittest.“

Der Krake blinzelte nun Philipp an.

„Verschwinde endlich!“, brüllte Philipp ihn an. „Und zwar sofort! Verstanden?“

Der Riesenkrake spritzte eine Wolke schwarzer Flüssigkeit ins Wasser und verschwand darin. Seine langen Tentakeln bewegten sich träge durch das Wasser.

Das Mini-U-Boot begann, langsam wieder aufzusteigen.

„Du hast ihn beleidigt“, sagte Anne.

„Das glaube ich nicht ...“, meinte Philipp geistesabwesend. Ihm schoss gerade ein anderer Gedanke durch den Kopf.

Er blickte noch einmal in seinen Ozeanführer. Und las mit Schrecken:

Zur Abschreckung von Feinden verspritzen Tintenfische und Kraken schwarze Tinte. Ihre Hauptfeinde sind Haie.

„Oh nein“, stammelte Philipp.

„Was ist los?“, fragte Anne besorgt nach.

Philipp blickte zum Fenster hinaus. Das Wasser war inzwischen wieder klar.

Doch eine noch undeutliche Gestalt näherte sich nun ihrem U-Boot.

„Was ist das?“, flüsterte Anne.

Der Fisch, der nun näher kam, war größer als die Delfine vorhin. Und er hatte einen äußerst merkwürdig geformten Kopf.

Philipp blieb vor Schreck fast das Herz stehen.

„Ein Hammerhai“, sagte er fast atemlos. „Nun sitzen wir echt in der Tinte.“

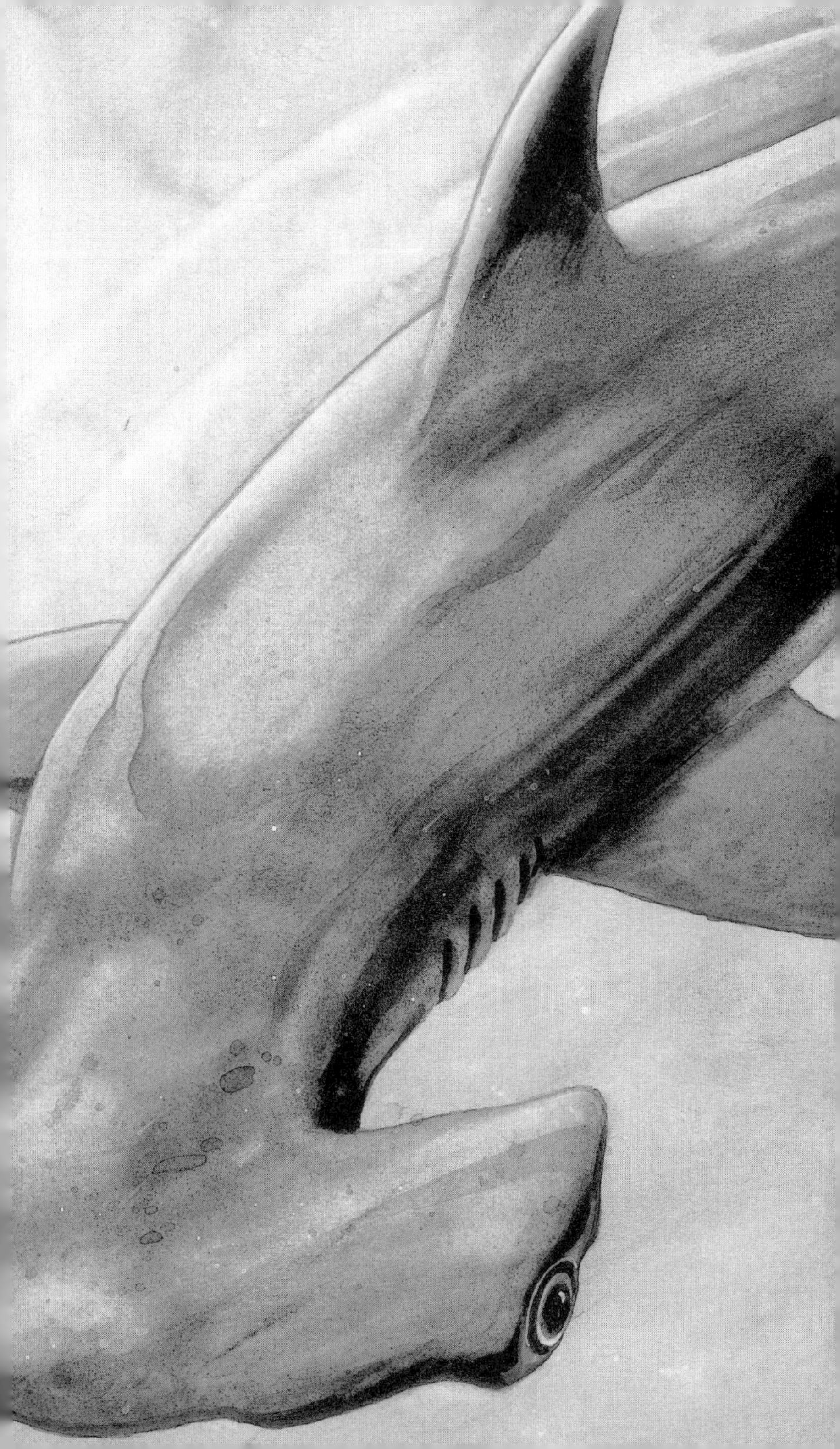

Ruhe bewahren!

Der Hai schwamm hinter den Korallenstock.

„Wo ist er hin?“, fragte Anne und starrte zum Fenster hinaus.

„Das spielt keine Rolle“, antwortete Philipp. „Wir müssen so schnell wie möglich nach oben.“

„Das Wasser tropft immer stärker“, sagte Anne.

„Ja, ich sehe es. Komm, mach schon ... mach schon!“, befahl Philipp dem Mini-U-Boot.

„Schau, da kommt immer mehr Wasser herein“, sagte Anne. „Immer mehr und mehr!“

Philipp blickte nach oben. Inzwischen tropfte das Wasser nicht mehr, es plätscherte geradezu.

„Nur noch wenige Sekunden“, sagte Philipp.

Plötzlich schoss das Mini-U-Boot mit einem Satz aus dem Wasser. Es tanzte auf den Wellen wie ein Korken.

„Wir sind gerettet!“, rief Anne erleichtert.

Das Wasser im U-Boot schwappte schon um Philipps nackte Füße.

„Ich weiß nicht ...“, sagte er.

„Oje“, sagte Anne. „Der Krake muss auch Risse in den Boden gedrückt haben.“

Das Wasser stand ihnen inzwischen bis zu den Knöcheln.

Philipp sah nach draußen. In der Ferne konnte er das Riff erkennen.

„Wir können es schaffen", sagte er. „Es ist nicht mehr weit."

„Los, beeil dich, Boot! Beeil dich!", drängte Anne.

Sie drückte auf eine der Steuertasten. Doch auf einmal erlosch der Bildschirm.

„Was ist passiert?", fragte Philipp.

Anne drückte erneut auf die Taste. Aufgeregt drückte Philipp auf ein paar weitere Tasten. Nichts geschah!

„Er ist abgestürzt", stellte Anne entsetzt fest.

„Na super", sagte Philipp.

Das Wasser stand ihnen inzwischen bis zum Knie.

„Ich fürchte, wir müssen schwimmen", sagte Philipp. Er holte tief Luft.

„Sieht so aus", stimmte Anne ihrem

Bruder zu. „Gut, dass wir diesen Sommer schon Schwimmunterricht hatten."

„Stimmt", sagte Philipp. „Schlecht ist nur, dass wir vorhin einen Hai gesehen haben."

Rasch entdeckte Philipp das Foto eines Hais in seinem Buch.

Er las vor:

Sollte man im Meer auf einen Hai stoßen, keine aufgeregten Bewegungen machen. Es ist ratsam, ganz ruhig davonzuschwimmen.

Philipp schlug das Buch wieder zu.

„Am besten, wir machen Brustschwimmen", sagte Anne. „Dann wirbeln wir nicht so viel Wasser auf."

„Ja, aber bleib dicht neben mir", sagte Philipp.

„Mach ich“, versprach Anne.

Philipp sah die Furcht in ihren Augen, aber sie versuchte, ganz ruhig zu wirken. Er holte tief Luft. Auch er musste unbedingt ruhig bleiben. Bedächtig nahm er seine Brille ab und legte sie zusammen mit dem Buch in seinen Rucksack. Dann setzte er den Rucksack auf den Rücken.

Anne öffnete die Luke.

„Wir müssen Ruhe bewahren“, sagte sie. Und dann verließ sie das U-Boot.

„Oje“, sagte sich Philipp ganz ruhig. Er hielt sich die Nase zu.

Dann ließ auch er sich möglichst geräuschlos ins Wasser gleiten.

Schwimm um dein Leben!

Langsam bewegte Philipp Arme und Beine. Behutsam teilte er das Wasser vor sich, indem er eine Schwimmbewegung nach der anderen machte.

„Ruhig bleiben, ganz ruhig bleiben“, sagte er sich dabei.

Anne schwamm neben ihm. Ihre Augen waren auf das Riff gerichtet, das unmittelbar vor ihnen lag.

Alles war ruhig und friedlich.

Doch auf einmal glaubte Philipp, aus den Augenwinkeln etwas zu erkennen. Er wandte den Kopf.

Eine dunkle Flosse kam im Zickzackkurs durch das Wasser geschossen. Direkt auf sie zu!

Am liebsten hätte Philipp um sich geschlagen. Am liebsten hätte er vor Angst gebrüllt. Doch er sagte sich: Ruhe bewahren!

„Ich sage Anne lieber nichts davon“, dachte er. „Es ist sicher besser, wenn sie es nicht weiß.“

Er schwamm schneller – und noch schneller. Auch Anne schwamm immer schneller.

Sie schwammen alle beide, so schnell und so ruhig, wie es nur ging.

Manchmal war Anne sogar ein bisschen schneller als Philipp, woraufhin Philipp dann seinerseits wieder schneller schwamm.

Er hatte solche Angst, dass er kein bisschen müde wurde. Er schwamm um sein Leben, und auch um das Leben seiner Schwester.

Philipp blickte nicht zurück, um zu sehen, ob der Hai noch da war.

Er hatte die Augen fest auf das Baumhaus in der Ferne gerichtet. Und er schwamm und schwamm.

Philipp und Anne schwammen und schwammen.

Sie hatten das Gefühl, als dauere es ewig, bis das Baumhaus endlich ein Stück näher rückte.

Philipp fiel auf, dass das Riff viel weiter weg war, als er gedacht hatte.

Tapfer schwamm er weiter, doch seine Arme und Beine wurden immer schwerer.

Auch Anne war erschöpft.

„Leg dich auf den Rücken, und lass dich treiben!“, rief sie zu ihm herüber.

Philipp und Anne legten sich auf den Rücken und ließen sich treiben, genau so, wie sie es im Schwimmkurs gelernt hatten.

„Wir ruhen uns nur eine Minute lang aus“, dachte Philipp.

Doch je länger Philipp sich treiben ließ, desto müder wurde er. Bald war er sogar zu müde, sich treiben zu lassen. Er spürte, wie sein Körper langsam sank.

Auf einmal spürte er noch etwas anderes.

Unter Wasser hatte ihn etwas angestoßen. Sein Herz blieb fast stehen.

Dieses Etwas fühlte sich glatt und lebendig an.

Hatte der Hammerhai sie eingeholt?

Philipp schloss die Augen und rechnete mit dem Schlimmsten. Er wartete und wartete. Doch nichts geschah. Nach einer Weile machte er die Augen wieder auf.

Vor sich sah er einen schimmernden grauen Kopf – den Kopf eines Delfins!

Der Delfin schob Philipp mit seiner Nase an. Dabei machte er fröhliche Klickgeräusche.

„Und los!“, rief Anne.

Philipp drehte den Kopf.

Seine Schwester hatte sich an die

Rückenflosse eines anderen Delfins geklammert. Dieser Delfin zog sie nun durch das Wasser.

Philipp hielt sich an der Rückenflosse seines Delfins fest.

Die beiden Delfine glitten mühelos und flink durchs Wasser und zogen Philipp und Anne in Richtung Riff.

Autsch!

Die Sonne schien auf die Wasseroberfläche. Das Wasser schimmerte und glitzerte wie ein riesiger Diamant.

Philipp fühlte sich jetzt wohl und sicher. Er war bei seinem Delfin in den besten Händen.

Die Delfine wurden langsamer, als sie sich dem Riff näherten.

Philipp streckte die Beine nach unten. Er spürte den unebenen Meeresboden unter sich. Er ließ die Rückenflosse des Delfins los, und schon stand er im seichten Wasser.

Auch Anne konnte jetzt stehen.

Mit strahlendem Gesicht schlang sie

die Arme um ihren Delfin und umarmte ihn.

„Herzlichen Dank, Sukie!“, rief sie. Dann drückte sie ihrem Delfin noch einen Kuss auf die Nase.

Sukie bewegte ruckartig den Kopf und machte ein zufriedenes Klickgeräusch.

„Gib deinem Sam auch ein Küsschen!“, sagte Anne zu Philipp.

„Du spinnst“, sagte Philipp.

Doch Sam rieb seine Nase an Philipps Kopf. Er legte auch seine Flosse um Philipps Hals.

Da konnte Philipp nicht länger widerstehen. Er legte die Arme um den Delfin und gab ihm einen schnellen Kuss.

Sam nickte zufrieden und machte ebenfalls klickende Geräusche, die

sich wie ein Lachen anhörten. Dann drehte er sich zu Sukie.

Die beiden Delfine schnatterten einen Augenblick lang miteinander. Dann nickten sie Philipp und Anne zu, drehten sich um und schwammen mit eleganten Bewegungen davon.

„Tschüss, Sukie! Tschüss, Sam!“, rief Anne ihnen nach.

„Danke!“, rief Philipp.

Die Delfine sprangen in die Luft und verschwanden dann mit einem lauten Platschen wieder im Wasser!

Philipp und Anne lachten. „Wenn wir nur auch so gut schwimmen könnten wie sie!“, sagte Philipp.

Philipp und Anne blickten den Delfinen nach, bis diese verschwunden waren.

„Ich vermisse sie jetzt schon“, sagte Anne leise.

„Ich auch“, gab Philipp zu.

Er setzte sich ins flache Wasser.

„Ich bin total erschöpft“, sagte er.

Anne setzte sich neben ihn. „Ich auch“, meinte sie.

Das warme Wasser schwappte an ihre Shorts und ihre T-Shirts.

Philipp nahm seinen Rucksack vom Rücken. Er holte seine Brille heraus und setzte sie auf. Vor lauter Wasser konnte er kaum etwas sehen.

„Weißt du was?“, fragte Anne auf einmal.

„Was?“, fragte Philipp zurück.

„Vorhin habe ich den Hai hinter uns gesehen“, sagte Anne. „Aber ich habe es dir nicht gesagt. Ich wollte nicht, dass du Angst bekommst.“

Philipp sah Anne überrascht an. „Ich habe ihn auch gesehen. Deshalb bin ich auf einmal schneller geschwommen, damit du auch schneller schwimmst.“

„Und ich bin schneller geschwommen, damit du schneller schwimmst“, sagte Anne.

„Wir waren bestimmt doppelt so schnell wie sonst“, sagte Philipp und schüttelte vor Staunen den Kopf.

„Was machen wir nun?“, fragte Anne.

„Wir kehren nach Hause zurück“, sagte Philipp.

„Aber wir haben Morgans Rätsel noch nicht gelöst“, gab Anne zu bedenken.

Philipp seufzte.

Er holte sein Notizbuch aus dem Rucksack. Es war total durchnässt.

Er zog den Ozeanführer heraus. Auch der war pitschnass.

„Wir haben es nicht geschafft“, sagte er traurig. „Meine Aufzeichnungen sind total nass. Jetzt können wir doch nicht zu Meister-Bibliothekaren ernannt werden.“

Philipp packte die Sachen wieder weg. „Gehen wir“, sagte er und ließ den Kopf hängen.

Er stand auf. Dann ging er über das rosafarbene Riff auf das Baumhaus zu. Anne folgte ihm.

„Autsch!“, rief sie plötzlich.

„Was ist passiert?“ Philipp blickte zurück.

„Ich bin auf etwas getreten.“ Anne bückte sich und rieb ihren Fuß.

„Auf was?“, fragte Philipp. „Auf eine Muschel?“

„Ja, diese hier ...“ Sie hielt eine große graue Muschel hoch. „Mann, die fühlt sich vielleicht rau an. Rau und grau ist sie, wie ein Stein ...“

„... und unscheinbar!“, flüsterte Philipp. Hurra, sie hatten des Rätsels Lösung gefunden.

Die Muschel sah aus wie eine normale Muschel, war aber viel größer und hatte mehr Rillen als eine gewöhnliche Muschel.

„Wie kann diese hässliche Muschel die Lösung unseres Rätsels sein?“, sagte Anne verblüfft. „In dem Rätsel hieß es doch auch: ‚In mir liegt große Schönheit versteckt‘.“

„Warte – ich muss nachlesen“, sagte Philipp. Vorsichtig schlug er den tropfnassen Ozeanführer auf.

Die Seiten klebten aneinander. Doch es gelang ihm, ein paar von ihnen umzublättern.

Er entdeckte das Bild einer grauen Muschel und las vor:

In tiefen Gewässern suchen Taucher nach Austern, die manchmal jedoch auch an Riffe oder Strände angespült werden. In einigen wenigen Austern ist eine Perle versteckt. Dank ihrer natürlichen Schönheit gelten Perlen als große Kostbarkeit.

„Darin muss eine Perle sein!“, rief Philipp.

Anne spähte durch den schmalen Spalt zwischen den beiden Muschelhälften. „Ich kann nichts sehen“, sagte sie. „Und überhaupt, wie soll die Perle da hineinkommen?“

Philipp las weiter vor:

Es kann vorkommen, dass ein Sandkorn ins Muschelinnere gelangt und zwischen Schale und Haut gerät. Das stört die Auster so sehr, dass sie das Sandkorn mit Perlmutt umhüllt. Auf diese Weise entsteht im Laufe der Jahre eine Perle.

„Ich kann nicht sehen, ob da eine Perle drin ist oder nicht“, sagte Anne.

„Vielleicht sollten wir sie gegen einen Felsen schlagen“, schlug Philipp vor.

„Was? Das würde die Auster erst recht stören!“, widersprach Anne empört.

„Du hast Recht.“

„Ich finde, wir sollten sie in Ruhe lassen“, fand Anne.

Behutsam legte sie die Auster wieder ins Wasser.

„Aber woher sollen wir jetzt wissen, ob ‚Auster‘ tatsächlich die richtige Lösung für unser Rätsel ist?“, fragte Philipp.

„Morgan hat gesagt, wir würden es erfahren“, antwortete Anne. „Komm schon.“

Philipp rückte seine Brille zurecht. Er und Anne hoben ihre Schuhe und Strümpfe vom Boden auf.

Sie kletterten durch das Fenster in das Baumhaus.

Morgans Schriftrolle lag auf dem Boden. Sie war aufgerollt.

„Schau!“, rief Anne.

Sie und Philipp starrten auf die Schriftrolle. Das Rätsel war verblasst.

An seiner Stelle schimmerte in silbernen Buchstaben ein einziges Wort:

„Morgans Zauber“, flüsterte Anne.

Philipp stieß einen tiefen Seufzer der Erleichterung aus. „Wir haben es gelöst“, sagte er.

Anne nahm das Pennsylvania-Buch in die Hand. „Jetzt sollten wir aber nach Hause zurück!“, sagte sie.

Sie schlug das Buch auf und deutete auf das Bild von Pepper Hill.

„Ich wünschte, wir wären dort!“, rief sie.

Wind kam auf.

Das Baumhaus begann sich zu drehen.

Der Wind blies immer stärker und stärker.

Dann war alles wieder still.

Totenstill.

Der wahre Schatz

Die Strahlen der Morgensonne fielen schräg in das Baumhaus.

Seit ihrer Abreise war keine Sekunde Zeit vergangen. Der Tag brach gerade an.

Philipp rollte die alte Schriftrolle zusammen. Er verstaute sie in einer Ecke.

„So, das erste Rätsel haben wir gelöst“, sagte er zufrieden. „Bleiben nur noch drei.“

„Ich sehe aber keine andere Schriftrolle“, sagte Anne. „Vielleicht erfahren wir morgen das nächste Rätsel.“

„Soll mir recht sein“, sagte Philipp.

„Im Moment brauche ich etwas Zeit – zum Trocknen."

Sein T-Shirt und seine Shorts waren noch immer feucht. Sein Rucksack auch. Nur seine Schuhe und Socken waren trocken.

„Und das hier muss auch trocknen", sagte Anne. Sie legte den Ozeanführer an eine Stelle, wo die Sonne hinschien.

Dann kletterten Philipp und Anne die Strickleiter hinunter.

Sie gingen durch den Wald, bis sie am oberen Ende ihrer Straße ankamen.

„Weißt du, eigentlich hätten wir die Lösung zu dem Rätsel gleich finden können", sagte Philipp. „Die Auster lag ja die ganze Zeit schon auf dem Riff."

„Ich weiß, aber dann hätten wir nicht so viel Spaß gehabt", antwortete Anne.

„Spaß?“, rief Philipp aus. „Du nennst es Spaß, wenn man beinahe von einem Riesenkraken zerquetscht und von einem Haifisch gejagt wird?“

„Du vergisst die Delfine“, sagte Anne.

Philipp lächelte. „Stimmt“, gab er zu. Die Delfine machten alles wieder gut. Mit ihnen hatten sie großen Spaß gehabt.

„Ich glaube, sie waren der wahre Schatz, den wir entdeckt haben“, sagte Anne.

„Ja ...“, gab Philipp zu. „Was Sam wohl in diesem Augenblick macht?“

„Sam?“ Anne grinste ihn an. „Ich glaube, jetzt spinnst du“, sagte sie.

Die Kinder gingen die Stufen zu ihrem Haus hinauf und öffneten die Tür.

„Wir sind wieder da!“, rief Anne.

„Habt ihr auch aufgepasst und keine nassen Schuhe bekommen?“, rief ihre Mutter.

„Klar, sie sind völlig trocken“, rief Philipp zurück. Dann schlichen sich die beiden Geschwister leise die Treppe hinauf, um sich umzuziehen.

Für unsere Mutter
Barnette Dickens Pope

Forscherhandbuch
Delfine und Haie

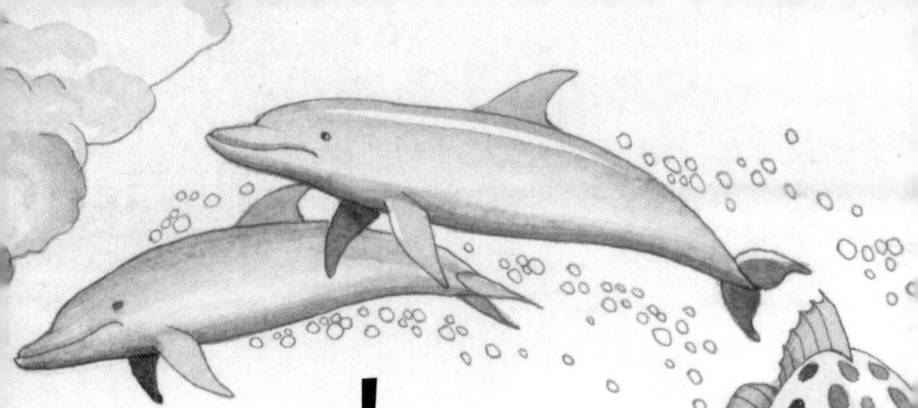

1

Die Weltmeere

Die Weltmeere oder Ozeane sind riesig und faszinierend zugleich. Sie nehmen auf unserer Erde eine größere Fläche ein als das Festland – fast doppelt so viel! Die Ozeane bedecken 360 Millionen Quadratkilometer der Erdoberfläche.

Meere sind kleiner als Ozeane und gewöhnlich nicht tiefer als 200 Meter.

An manchen Stellen können die Weltmeere bis zu zehn Kilometer tief sein. Unter dem Wasser befinden sich

riesige Berge, tiefe Täler, wunderschöne Korallenriffe und sogar Vulkane!

Der Ozean ist die Heimat von Delfinen, Haien und Millionen anderer Meereslebewesen. Aber das Leben im Ozean unterscheidet sich sehr vom Leben auf dem Festland. Wie sieht das Leben im Ozean aus? Was für eine Welt ist das?

Salzwasser

Das Meerwasser ist sehr salzhaltig. Wenn man das Salz, das in den Ozeanen gelöst ist, über das Festland verteilen würde, dann wäre die Salzschicht 1,50 Meter dick! Das Salz stammt aus dem Gestein und dem Erdboden. Regen und Flüsse spülen es ins Meer. Wenn es dort ankommt, mischt es sich mit dem Meereswasser. Die meisten Meeresbewohner brauchen Salzwasser zum Leben.

Schichten

Die Meereslebewesen leben in unterschiedlichen Wassertiefen. Wissenschaftler nennen diese Tiefen *Schichten*

Mit der Tiefe gibt man an, wie tief etwas ist.

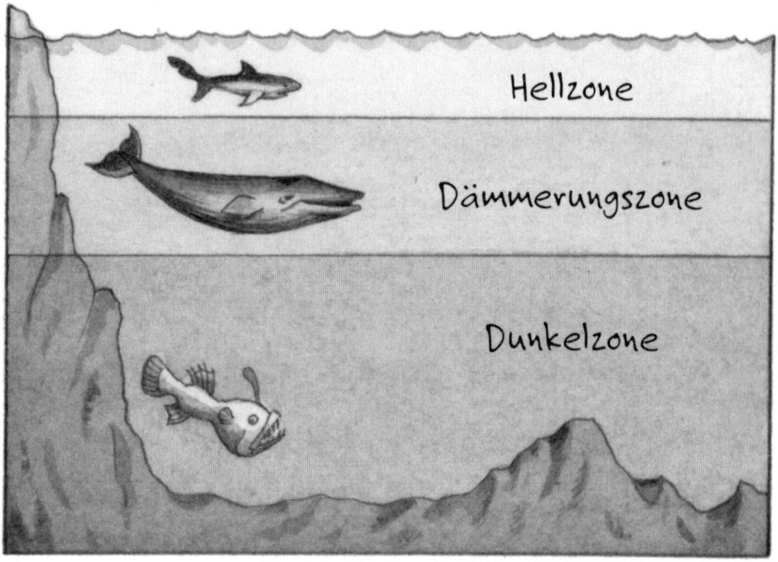

oder *Zonen*. Die oberste Schicht ist die *Hellzone*. Die mittlere Schicht heißt *Dämmerungszone,* und direkt über dem Meeresboden befindet sich die *Dunkelzone*.

Die meisten uns bekannten Meeresbewohner leben in der Hellzone. Diese Schicht reicht von der Wasseroberfläche bis etwa 200 Meter tief hinab. Sie wird vom Sonnenlicht erhellt und erwärmt.

Das Sonnenlicht unterstützt das Wachstum von winzigen Meerespflanzen

und Tierchen, die man *Plankton* nennt. Viele Meereslebewesen ernähren sich vom Plankton. Die meisten uns bekannten Meeresbewohner, unter ihnen auch Delfine und Haie, leben in der Hellzone. Wale, Schildkröten, Tintenfische, Quallen und unzählige

Fleisch fressende Haie fressen auch Plankton.

Marin bedeutet „zum Meer gehörend“.

andere *marine* Lebewesen schwimmen hier ebenfalls.

Die zweite Schicht, die Dämmerungszone, reicht etwa 1 000 Meter tief hinunter. Pflanzen wachsen hier nicht. Es gibt hier einige Haiarten, aber keine Delfine.

Die Tiere haben sich an das schwache Licht gewöhnt. Einige von ihnen haben riesige Augen, damit sie hier gut sehen können. Andere erzeugen mit speziellen *Leuchtorganen* ihr eigenes Licht.

Die Gefleckte Seeratte hat große Augen, um in der Dämmerungszone sehen zu können.

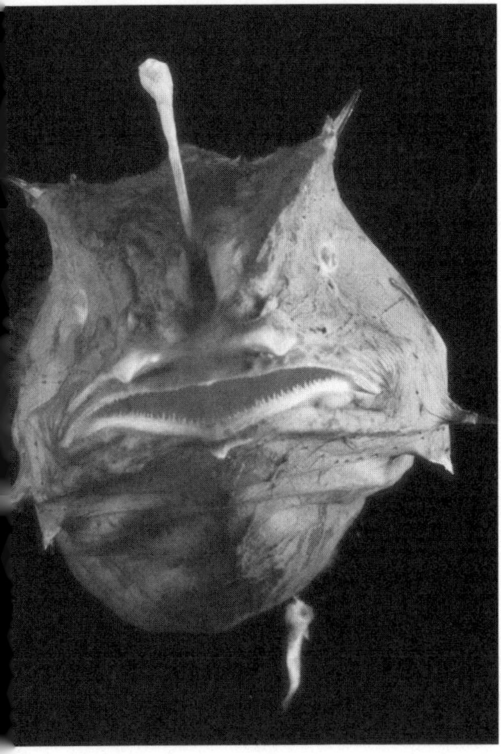

In der Dunkelzone fängt dieser weibliche Anglerfisch seine Beute mithilfe einer Lampe, die an seinem Kopf befestigt ist.

Die dritte Schicht ist die Dunkelzone. Diese Schicht reicht mit etwa 6 000 Metern bis auf den Meeresgrund hinab. Dort ist es stockdunkel, und das Wasser ist eiskalt. Nicht ein einziger Lichtstrahl kommt dort unten an. Die Temperatur liegt fast beim Gefrierpunkt. In der Dunkelzone leben eigentümliche und erstaunliche Fische.

Die Nahrungskette

Im Meer fressen die größeren, stärkeren Tiere die kleineren, schwächeren. Diesen Prozess nennen die Wissenschaftler *Nahrungskette*.

Die Tiere am Anfang der Nahrungskette nennt man *Raubtiere*. Diese jagen und erbeuten die kleineren, schwächeren Tiere – die so genannten *Beutetiere*. Delfine und Haie sind Raubtiere beziehungsweise

Raubfische. Sie gehören zu den größten und stärksten Lebewesen im Meer. Deswegen befinden sie sich am Anfang der Nahrungskette.

Die kleinsten und schwächsten Tiere sind ganz am Ende der Nahrungskette. Sie sind *Aasfresser* und fressen die übrig gebliebenen Reste der Pflanzen und Tiere, die es im Wasser gibt. Aasfresser helfen dabei, das Meer sauber zu halten. Sie sind so etwas wie die Staubsauger der Meere.

Plankton steht ganz am Ende der Nahrungskette.

In der Nahrungskette werden die schwächeren von den stärkeren Tieren erbeutet.

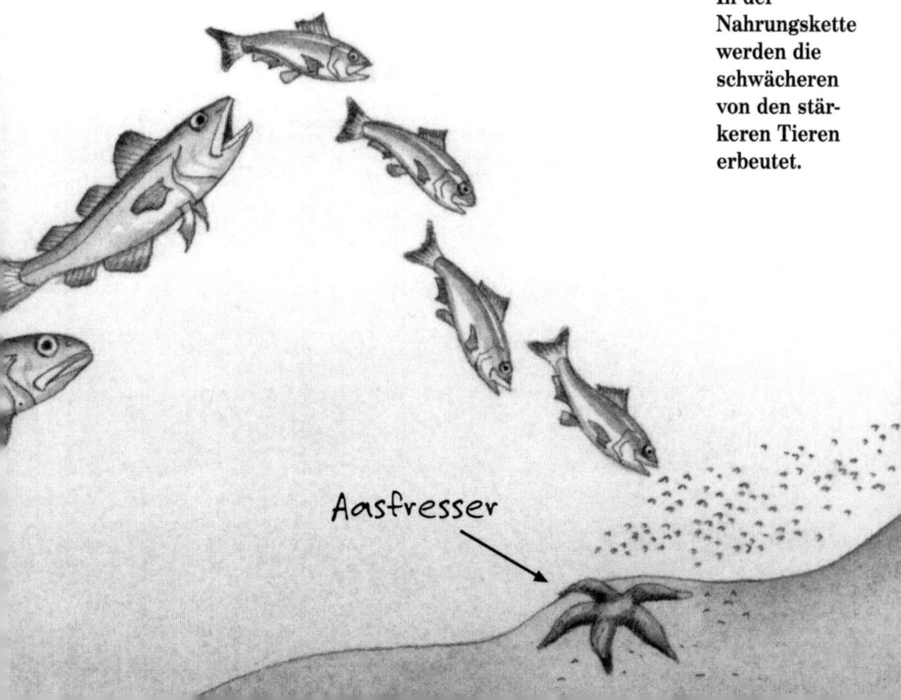

Korallenriffe

Die meisten Korallenriffe sind 5 000 bis 10 000 Jahre alt.

Viele Tiere finden ihre Nahrung in der Nähe von Korallenriffen. Korallenriffe entstehen in Küstennähe der sonnigen und wärmeren Ozeangebiete. Sie bestehen aus den Kalkskeletten kleiner Seetiere, die *Korallen* heißen. Im Laufe von vielen Jahren wachsen die Korallen zu großen Unterwassergebirgen.

Weil Korallenriffe der Lebensraum für so viele Meereslebewesen sind, nennen die Forscher sie auch die „Regenwälder der Meere“. Ein Korallenriff sieht aus, als ob es Felsen, Wälder und Höhlen hätte.

Der <u>Lebensraum</u> bezeichnet den Ort, an dem die Tiere normalerweise leben.

Manche Korallenriffe sind weiß, rot, orange, gelb, blaugrün oder violett. Die Fische, die dort leben, sind oft genauso farbenprächtig wie die Riffe.

Auf den folgenden Seiten siehst du verschiedene Meereslebewesen, die in Korallenriffen leben!

Tiere der Korallenriffe

ie Portugiesische Galeere ist eine Qualle, deren giftige entakel bis zu 50 Meter lang werden können.
Wenn Kugelfische in Gefahr sind, können sie sich bis zu ihrer doppelten Größe aufblasen.
Seeanemonen sehen zwar wie Blumen aus, sind aber Raubtiere mit giftigen Fangarmen.
Seepferdchen sind eigentlich Fische.

2

Delfine

Meereszoologen sind Wissenschaftler, die das Leben der Delfine und anderer Meereslebewesen erforschen. Als Meereszoologen die Röntgenaufnahme der Vorderflossen eines Delfins anschauten, entdeckten sie Knochen, die Händen ähnlich waren. Und wenn man ihre Schwanzflossen durchleuchtet, dann sieht man Knochen, die ein bisschen wie Beine aussehen.

Aufgrund dieser Befunde vermuten die meisten Wissenschaftler, dass Delfine vor über 50 Millionen Jahren Hände und Füße

Anpassen bedeutet, sich langsam an eine andere Lebensweise zu gewöhnen.

besaßen und auf dem Festland lebten. Im Laufe von Millionen von Jahren *passten* sich die Delfine an das Leben im Wasser *an*. Ihre Hände wurden allmählich Vorderflossen und ihre Beine zu Schwanzflossen. Damit sie schnell und wendig schwimmen konnten, bekamen sie glatte Körper. Sie entwickelten Methoden, um im Wasser atmen zu können, Nahrung zu suchen und sich untereinander zu verständigen. Heute gibt es 33 verschiedene Delfinarten. Alle haben Gemeinsamkeiten.

Waltiere

Delfine gehören zur Gruppe der *Waltiere*. Wissenschaftler nehmen an, dass alle Tiere dieser Gruppe ursprünglich auf dem Festland lebten, bevor sie die Weltmeere bevölkerten.

Auch die Wale – wie es der Name schon sagt – gehören dazu. Delfine sind gewissermaßen kleine Wale mit Zähnen!

Menschen sind auch Säugetiere.

Säugetiere

Delfine sind Säugetiere. Alle Säugetiere haben einige wesentliche Dinge gemeinsam.

Säugetiere sind Warmblüter. Das bedeutet, dass ihre Körpertemperatur immer gleich bleibt, egal wie die Temperatur in ihrer Umgebung ist.

Säugetiere haben Lungen und brauchen Luft zum Atmen.

Delfinbabys haben Schnurrbarthaare, wenn sie auf die Welt kommen. Bald nach der Geburt verlieren sie diese aber.

Anstatt Eier zu legen, gebären Säugetiere ihre Babys.

Die Babys der Säugetiere trinken zuerst Muttermilch.

Säugetiere haben Haare.

Säugetiere

Warmblüter

Haben Lungen

Atmen Luft

Gebären lebend

Trinken Milch

Sind behaart

Wie Delfine schwimmen

Delfine sind gute Schwimmer. Die meisten schwimmen bis zu 25 km/h schnell. Bei einigen hat man sogar Geschwindigkeiten von bis zu 50 km/h gemessen!

Delfine sind am schnellsten, wenn sie aus dem Wasser springen und dann flach tauchen. Während dieser flachen Tauchgänge sind sie nur kurze Zeit unter Wasser.

Wollen Delfine tief tauchen, erreichen manche von ihnen Tiefen von 300 Metern. Springen sie aus dem Wasser, können sie

Diese flachen Tauchsprünge bezeichnet man auch als tümmeln.

bis zu fünf Meter hoch springen. Ihre Stärke beziehen die Delfine aus der kräftigen Schwanzflosse, die *Fluke* genannt wird. Sie bewegt sich schnell auf und ab. Die Fluke befördert den Delfin durch das Wasser so wie der Motor das Boot.

Mit ihren Vorderflossen steuern die Delfine. Diese Flossen heißen auch *Flipper*. Manche Delfine haben eine Rückenflosse, *Finne* genannt, die dafür sorgt, dass sie beim Schwimmen aufrecht im Wasser liegen.

Delfine können ihren Atem zwar bis zu zehn Minuten anhalten, aber normalerweise atmen sie alle zwei Minuten.

Atmung

Die meisten Meerestiere bekommen die nötige Atemluft, während sie sich im Wasser aufhalten. Delfine aber müssen auftauchen, um Luft zu holen.

Delfine atmen durch ein Loch, das sich oben auf ihrem Kopf befindet. Das nennt man *Blasloch*, und es funktioniert wie eine Nase.

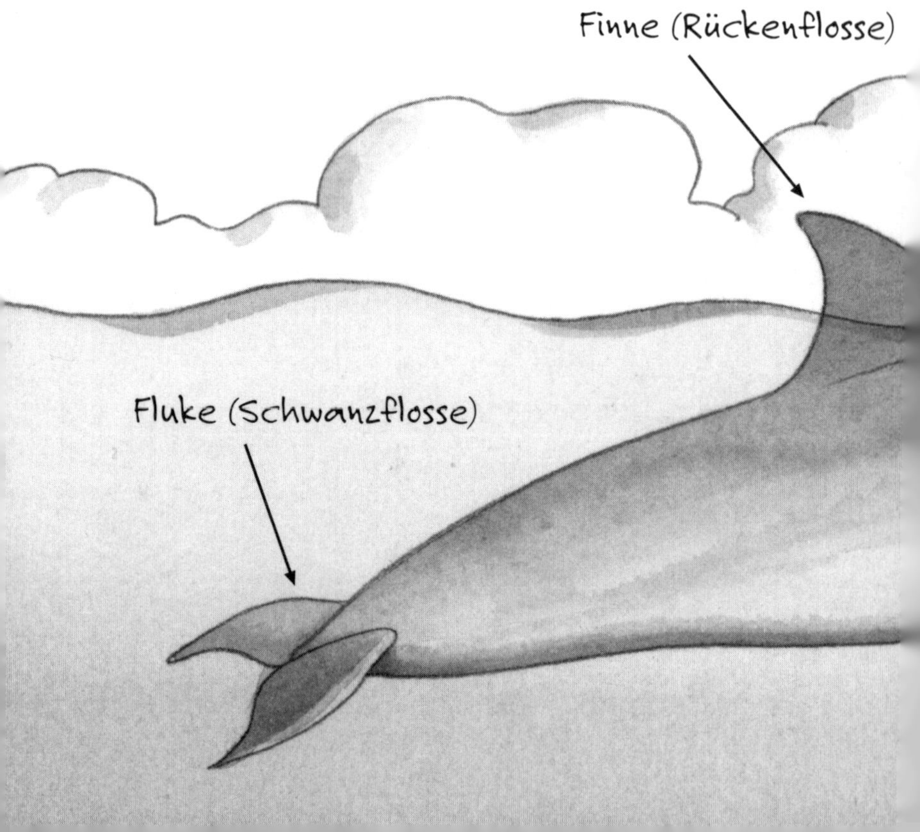

Kurz bevor sie die Wasseroberfläche erreichen, pressen sie alle Luft aus dem Blasloch heraus. In weniger als einer Sekunde ziehen sie beim Auftauchen frische Luft durch das *Blasloch* ein! Eine Klappe schließt das Blasloch blitzschnell, sodass die Luft nicht entweicht. Und schon tauchen die Delfine wieder ins Wasser.

Die Luft strömt mit einer Geschwindigkeit von 160 km/h aus dem Blasloch.

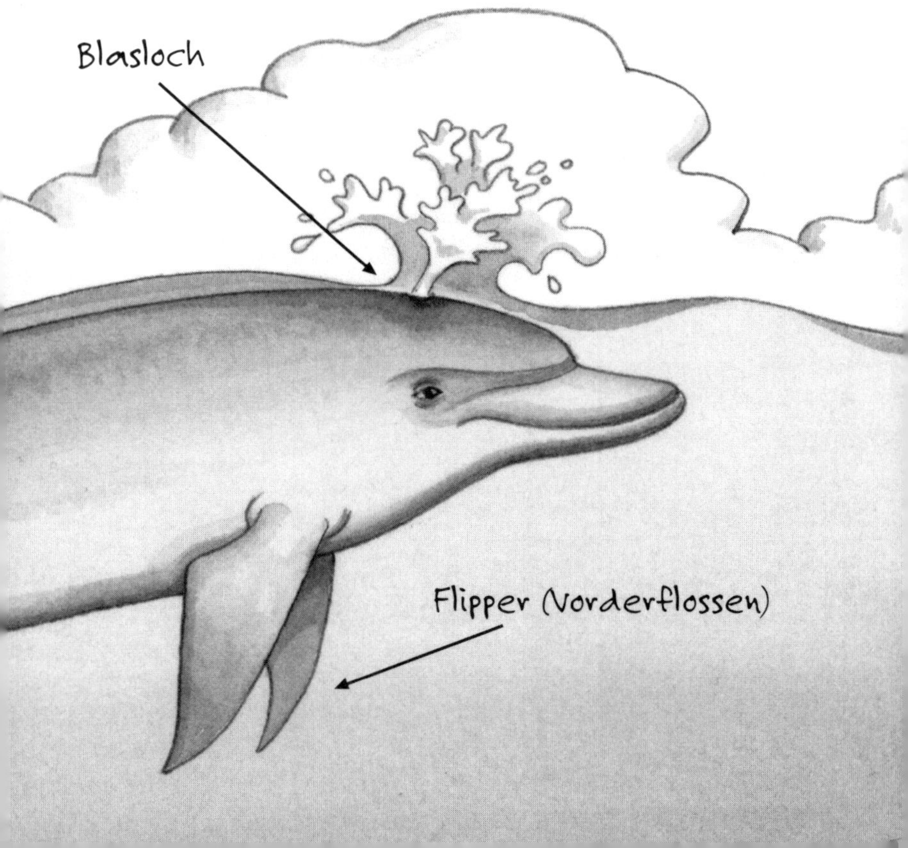

Einige Zoologen glauben, dass der Große Tümmler sich alle zwei Stunden häutet!

Delfinhaut

Delfine haben eine glatte Haut, die sich wie Gummi anfühlt. Weil ihre Haut so glitschig ist, fließt das Wasser besser an ihr entlang. Um ihre Haut schön glatt zu halten, häuten sich Delfine fortwährend.

Die Delfine haben eine spezielle Fettschicht unter der Haut, die *Blubber*

heißt. Diese Fettschicht funktioniert wie ein Wintermantel und hält die Tiere im kalten Wasser warm. Delfine, die in kalten Gewässern leben, haben meist eine dickere Fettschicht als solche, die in wärmeren Gewässern leben.

Fett ist sehr leicht und hilft den Delfinen beim Schwimmen. Es wirkt wie ein Fahrradschlauch!

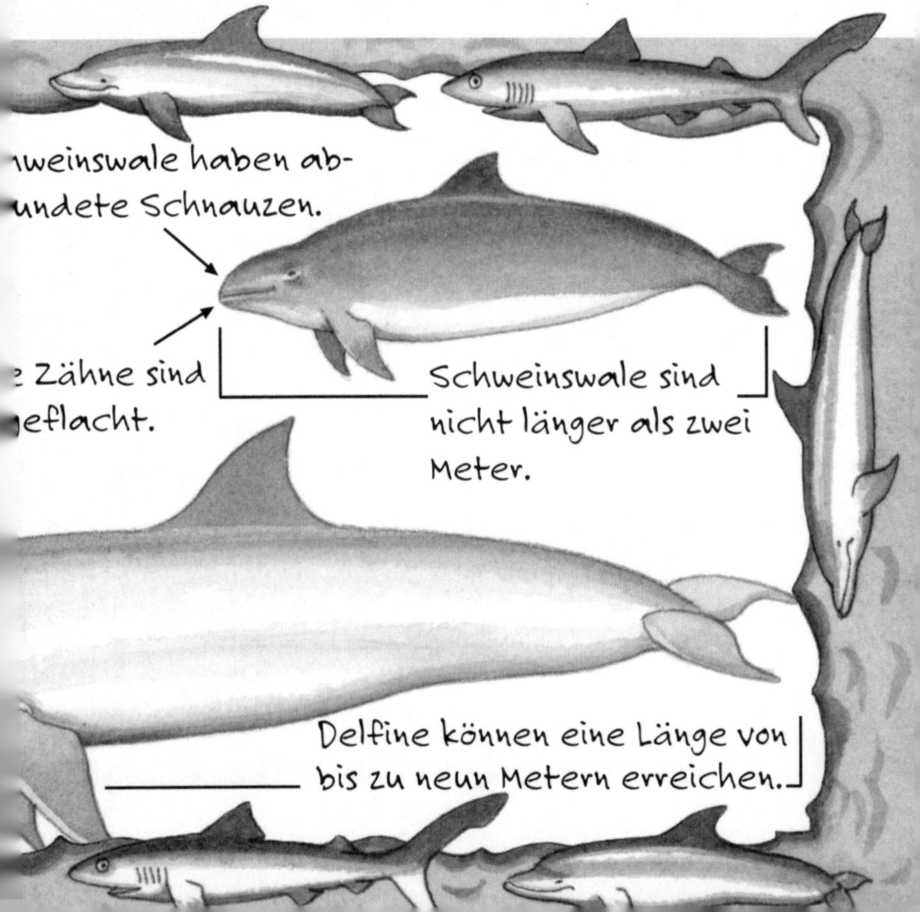

Echo-Ortung

Mithilfe der *Echo-Ortung* suchen die Delfine ihre Beute und können sich untereinander verständigen. Das Wort besteht aus den Begriffen *Echo* und *Ort*.

Mit der Echo-Ortung finden Delfine heraus, wo sich Fische und andere Meeresbewohner befinden, die ihnen als Nahrung dienen. Während der Delfin auf Futtersuche ist, stößt er Klicklaute oder Pfiffe aus. Diese Klänge wandern durchs Wasser und prallen von den Fischen oder Tintenfischen ab.

Die Klänge vibrieren durch einen Teil des Delfinkopfes hindurch, den man Melone nennt.

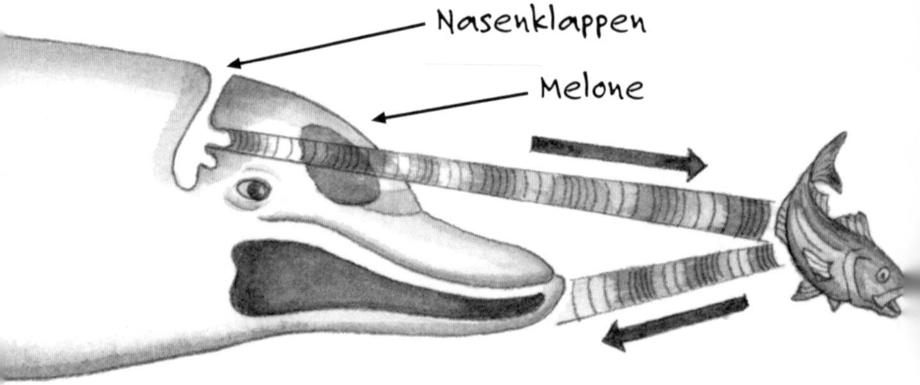

Klangwellen werden durch spezielle Nasenklappen hinter der Melone erzeugt.

Genau wie ein Echo hallen die Klänge zurück zum Delfin. Das Gehirn des Delfins wertet die Vibrationen aus und erkennt die Größe, Richtung, Geschwindigkeit und Entfernung aller Objekte, die im Wasser sind.

Delfine

Waltiere

Säugetiere

Starke Schwimmer

Atmen durch ein Blasloch

Glatte Haut

Echo-Ortung

Blätter weiter, und du lernst verschiedene Delfinarten kennen!

Schwertwale

Länge: bis zu 10 Meter

Gewicht: 3 600 bis 5400 Kilogramm

Schwertwale sind eigentlich Delfine. Obgleich sie harmlos für die Menschen sind, gehören sie zu den meistgefürchteten Tieren im Ozean. Sie werden auch Killerwale oder Orcas genannt.

Schwertwale fressen Seehunde, Schweinswale, Vögel und sogar andere Delfine. Sie können bis zu 20 Kilogramm Nahrung mit einem Happen verschlucken! Pro Tag benötigen sie ungefähr 180 Kilogramm Nahrung. Sie jagen in einem Rudel von bis zu 40 Tieren und können über 50 km/h schnell schwimmen!

Amazonasdelfine

Länge: 1,80 Meter bis 3 Meter

Gewicht: bis zu 160 Kilogramm

Der Amazonasdelfin wird auch Botodelfin genannt. Das Ungewöhnliche an Amazonasdelfinen ist, dass sie im Süßwasser leben. Außerdem sind einige von ihnen pinkfarben! Andere wieder sind blaugrau gefärbt. Jedes Jahr während der

Regenzeit tritt der Amazonas über die Ufer. Manchmal stehen die Bäume dann bis zu zehn Meter tief im Wasser. Flussdelfine schwimmen sogar durch diese Bäume hindurch!

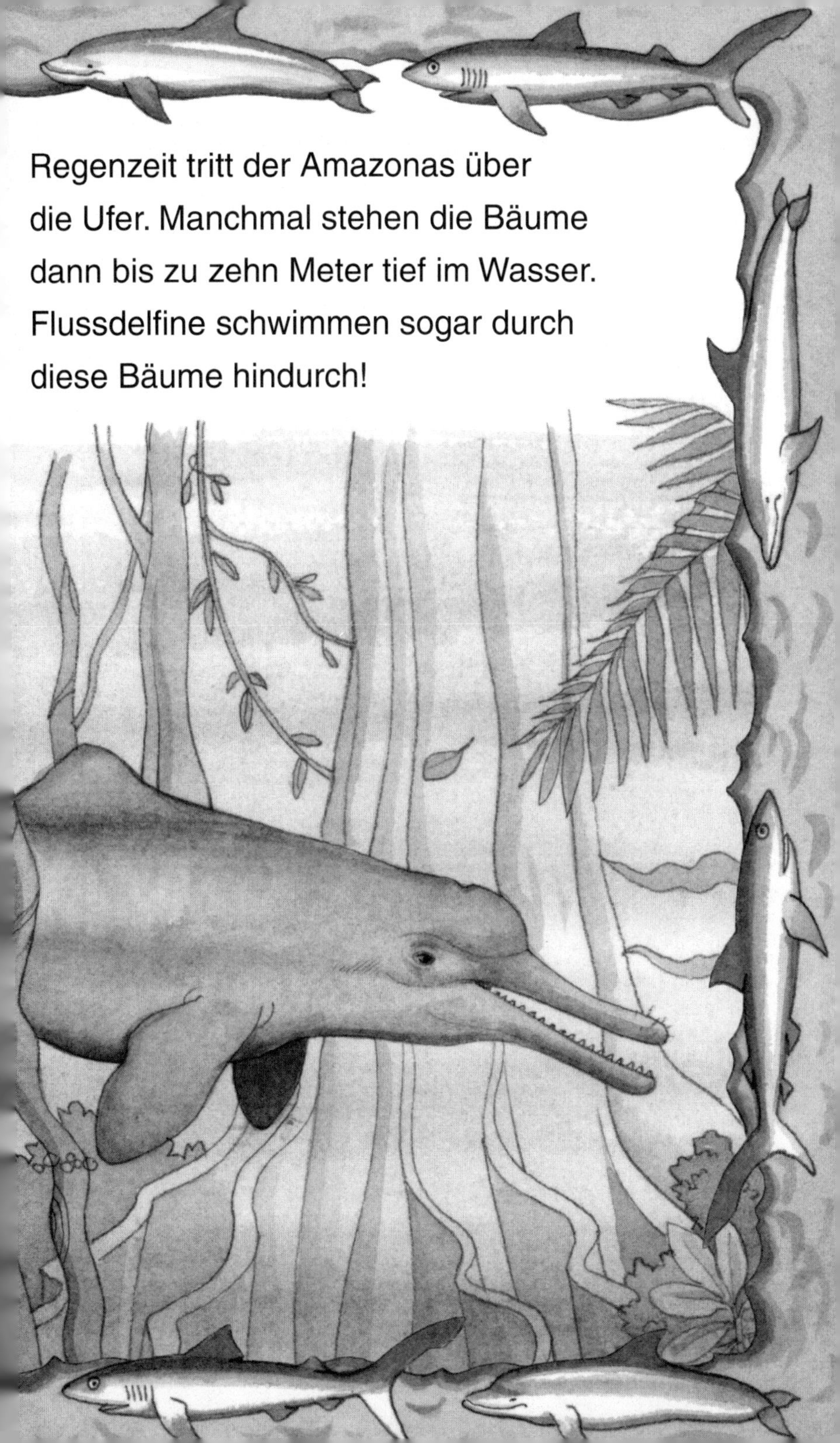

Großer Tümmler

Länge: bis zu 3,60 Meter

Gewicht: bis zu 450 Kilogramm

Große Tümmler sind Delfine, die aussehen, als lächelten sie. Im Englischen heißen sie Bottlenose Dolphins – *Flaschennasendelfine*. Ihre Nasen sehen nämlich wie Flaschen aus.

Manche Wissenschaftler denken, dass Große Tümmler die intelligentesten Delfine überhaupt sind. Denn sie lernen sehr leicht Tricks. In Delfinarien bringt man ihnen bei, durch Reifen zu springen oder mit Bällen zu spielen.

Große Tümmler sind sehr neugierig auf Menschen. Es gibt sogar Strände, an denen man mit ausgebildeten Großen Tümmlern schwimmen gehen kann.

Der Ostpazifische Delfin

Länge: 1,50 Meter bis 2,50 Meter

Gewicht: bis zu 90 Kilogramm

Der Ostpazifische Delfin ist ein sehr akrobatischer Delfin. Taucht er aus dem Wasser auf, kann er sich bis zu 16 Mal um seine eigene Achse drehen, bevor er wieder ins Wasser eintaucht. Außer Drehungen können die Delfine Purzelbäume und andere fantastische Luftsprünge absolvieren. Nach dem

englischen Begriff „to spin“ (drehen) werden sie auch Spinnerdelfine genannt.

Die Spinnerdelfine wandern in großen Gruppen. An der Küste von Hawaii kann man oft ihre wunderbaren Sprünge und Drehungen beobachten.

3

Wie Delfine leben

Delfine leben in Gruppen. Diese Gruppen nennt man *Schulen*.

Eine Schule kann aus mehreren 100 Delfinen bestehen! Von Geburt an hängt das Überleben eines Delfins von den anderen Delfinen seiner Gruppe ab.

Delfinbabys

Etwa eine halbe Stunde nach ihrer Geburt lernen die Delfinkälbchen schwimmen.

Nach der Geburt eines Delfins kümmern sich seine Mutter und die anderen Delfine um ihn.

Ein Delfinbaby bezeichnet man auch als *Kalb*. Es wird unter Wasser geboren und kommt mit der Schwanzflosse voran auf die Welt. Weil es nicht sofort schwimmen kann, schubst es seine Mutter zur Wasseroberfläche. Manchmal hilft der Mutter dabei auch ein anderer Delfin, die so genannte *Tante*.

Delfinkälber bleiben in der Nähe ihrer Mutter. Wenn sie Hunger haben, saugen sie bei ihr Milch. Sie werden *gestillt*. Ein Delfinbaby muss drei- bis achtmal

Delfinbabys sind etwa einen Meter lang, und ihr Geburtsgewicht liegt zwischen 10 und 20 Kilogramm.

pro Tag gestillt werden, und das über einen Zeitraum von mindestens einem Jahr. Innerhalb weniger Wochen ist das Kalb schon doppelt so groß.

Geht die Mutter auf Jagd, wird das Kalb von einer Tante oder anderen erwachsenen Tieren beaufsichtigt. Das Delfinkalb bleibt sechs Jahre in der Obhut seiner Mutter. Während dieser Zeit lernt es alles über das Leben im Ozean.

Manchmal übernehmen auch seine älteren Geschwister oder die Großmutter das Babysitten.

Um ihre Babys zu schützen, nehmen die Delfinmütter sie zwischen die Vorderflossen.

Verständigung

Delfine benutzen die Echo-Ortung, um sich miteinander zu verständigen. Jeder Delfin hat seine besondere Art und Weise, zu klicken oder zu pfeifen.

Das Baby lernt zuerst, das Pfeifen seiner Mutter nachzumachen. Später entwickelt es seinen eigenen Pfeifton. Durch diese Töne erkennen sich die Delfine untereinander. Wenn Delfine zusammen sind, dann hallt das Meer ihr klickendes und pfeifendes Geräuschkonzert wider.

Um dem Kalb ihren eigenen Ton beizubringen, pfeift die Mutter in den ersten zwei Wochen ständig.

Delfine verständigen sich auch über Berührungen. Wenn Mutter und Baby zusammen schwimmen, dann reiben sie sich oft aneinander, um sich zu vergewissern, dass sie nahe beieinander sind.

Benimmt sich ein Kälbchen einmal

nicht richtig, dann drückt die Mutter es nach unten und hält es dort eine Weile. Manchmal stößt die Mutter das Kalb sogar gegen den Kopf, um ihm zu zeigen, wer das Sagen hat.

Delfinspiele

Delfine spielen oft gemeinsam. Sie scheinen sogar „beste Freunde“ zu haben. Delfine spielen zum Beispiel Fangen. Oder sie bilden Ringe aus Luftblasen und versuchen, hindurchzuschwimmen. Sie springen aus dem Wasser und lassen sich wieder fallen. Und sie schlagen mit ihrer Schwanzflosse auf die Wasseroberfläche, um auf sich aufmerksam zu machen.

Delfine schwimmen manchmal auch neben Schiffen her, weil sie die Schiffswellen gerne mögen.

Besonders verspielt sind Delfinkinder. Sie bewerfen sich mit Seetang oder balancieren Steine auf ihren Vorderflossen. Durch diese Spiele lernen sie Fertigkeiten, die sie später beim Schwimmen und Jagen brauchen.

Ein 250 Kilogramm schwerer Delfin frisst bis zu 23 Kilogramm Fisch pro Tag.

Die Jagd

Delfine jagen gemeinsam Fische und Tintenfische. In der Gruppe fangen sie viel mehr Nahrung, als wenn jeder für sich jagen würde.

Über die Echo-Ortung teilen die Delfine einander mit, wo die Fische sind. Weil man Fische leichter fangen kann, wenn sie nahe beieinander sind, schwimmen die Delfine im Kreis um sie herum. Dabei drängen sich die Fische immer enger zusammen. Nun schwim-

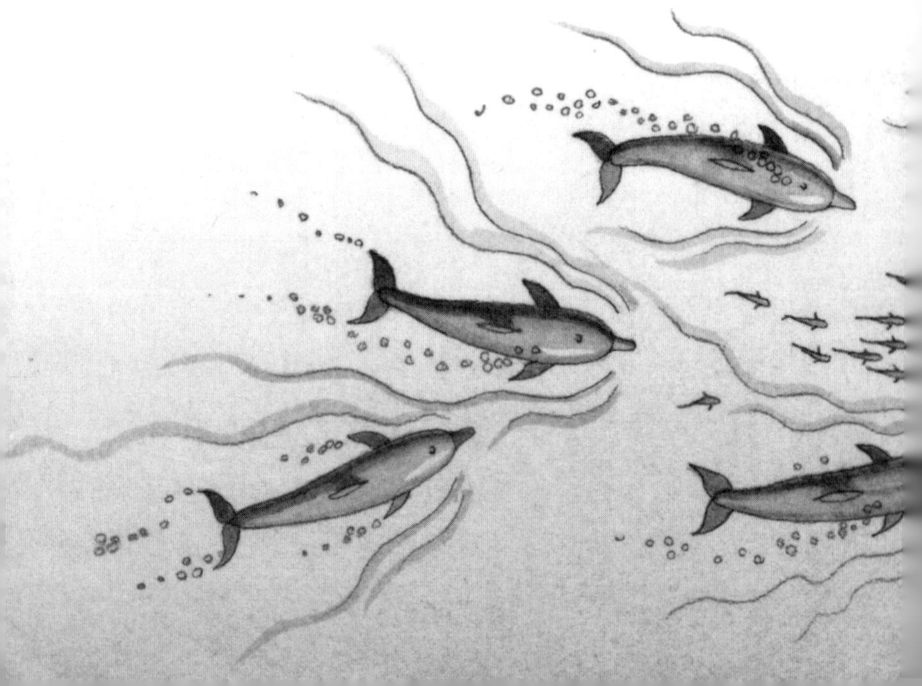

men die Delfine in den Haufen und schnappen sich ihren Schmaus!

Manchmal verteilen sich die Delfine auch weiträumig, um so viel Fisch wie nur möglich zu erbeuten. Oder sie treiben Fische ins flachere Wasser und sogar auf Strände und Felsen, wo sie nicht mehr entkommen können. Mit ihren starken Vorderflossen können die Delfine nämlich bis zum Bauch auf den Strand robben. Dort fressen sie dann so viel Fisch, wie sie mögen.

Delfine als Retter

Delfine helfen sich gegenseitig. Wenn ein Delfin in Gefahr ist, sendet er eine Art Notruf aus. Andere Delfine eilen ihm dann zu Hilfe! Manchmal schafft es ein schwacher Delfin nicht mehr bis zur Wasseroberfläche. Gemeinsam schieben die anderen Delfine ihn nach oben, damit er wieder atmen kann.

Delfine benutzen manchmal ihre starken Schwanzflossen und scharfen Zähne als Waffen.

Wenn ein Hai oder ein Schwertwal die Gruppe bedroht, bilden die stärkeren Delfine einen schützenden Kreis um die schwächeren. Danach vertreiben sie das Raubtier, indem sie mit ihren harten Schnauzen nach ihm stoßen.

Delfine sind wunderbare Geschöpfe. Sie leben und spielen zusammen und passen aufeinander auf. Sie verhalten sich also in vielerlei Hinsicht wie Menschen. Aber sie sind einfach wunderbar um ihrer selbst willen und nicht, weil sie sich wie Menschen verhalten!

Delfine und Menschen

Seit tausenden von Jahren interessieren sich Menschen für Delfine.

Die alten Griechen glaubten, dass Delfine Götterboten seien. Einen Delfin zu töten, war für sie genauso schlimm, wie einen Menschen zu töten!

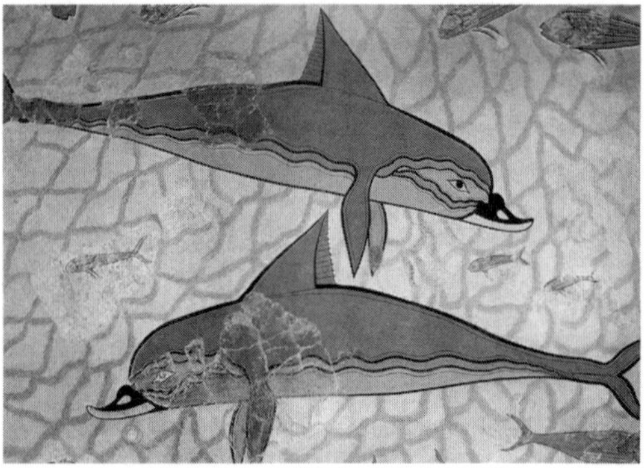

Diese Darstellung aus Griechenland ist über 3400 Jahre alt!

Man dachte, dass Delfine magische Kräfte besäßen und sich in Menschen verwandeln könnten. Heute weiß jeder, dass Delfine dies nicht können. Aber man findet immer mehr heraus, was sie tatsächlich können!

1. Ein Delfin kann einfache Befehle lernen, wie „Hol den Ball“. (Manchmal rückt der Delfin den Ball allerdings nicht mehr heraus!)

2. Delfine machen auch Dinge nach. Wissenschaftler haben beobachtet, wie sie ihre Schwanzflosse anhoben, wenn jemand seine Arme hob!

4

Haie

Zwar sind Delfine und Haie in denselben Weltmeeren beheimatet, dennoch sind sie sehr unterschiedlich.

Haie gibt es schon viel länger als Delfine. Sie stammen von den ersten Fischen ab, die vor 500 Millionen Jahren lebten! Diese Fische besaßen weder Kiefer noch Zähne. Im Laufe der Zeit veränderte sich ihr Aussehen bis hin zu den Haien, die wir heute kennen.

Es existieren über 350 verschiedene Haiarten. Haie sind Kaltblüter. Das heißt, ihre Körpertemperatur verändert sich mit der Außentemperatur. Die meisten Haie leben in den wärmeren Gebieten der Ozeane, aber einige leben auch in Flüssen und Seen und sogar in den kalten arktischen Gewässern.

Einige Haie legen Eier, andere wiederum gebären ihre Junge. Manche Haie sind so winzig, dass sie auf deiner Hand Platz haben, wie zum Beispiel der Pygmäenhai.

Andere Haie, wie der Riesenhai oder der

Walhai, gehören mit zu den größten Meeresbewohnern. Sie können bis zu 15 Meter lang werden!

All diese Haie haben einige wichtige gemeinsame Merkmale.

Knorpel

Haie sind keine Säugetiere, sondern Fische. Sie sind eine besondere Fischart und gehören zu den *Knorpelfischen*. Haie besitzen nämlich kein Skelett aus Knochen wie andere Fische. Sie haben stattdessen ein kräftiges, radiergummiartiges Skelett aus *Knorpel*.

Deine Nasenwände und Ohrmuscheln sind aus Knorpel.

Knorpel sehen wie Knochen aus, sind aber nicht so hart wie sie. Weil die Knorpelmasse beweglich ist, können Haie im Wasser blitzschnell wenden. Knorpel wiegt außerdem weniger als Knochen – das erleichtert das Schwimmen.

Zähne

Haie haben ein Menge Zähne. Viele haben sogar fünf Zahnreihen. Das ist ziemlich praktisch, denn sie verlieren ihre Zähne andauernd! Erwachsene Haie nutzen tausende von Zähnen während ihres Lebens ab. Fällt ein Zahn aus, rückt einer aus der hinteren Reihe nach vorne. Haizähne gibt es in allen möglichen Größen und Formen. Einige haben Zacken und sehen wie Dreiecke

Die meisten Haie kauen ihre Nahrung gar nicht. Sie beißen einfach einen großen Brocken ab und verschlingen ihn.

aus, andere sind scharf und schmal. Wissenschaftler können anhand der Zähne bestimmen, um was für einen Hai es sich handelt.

Die Haut der Haie

Haie haben eine sehr raue Haut, die sie vor Verletzungen schützt. Sie besteht aus kleinen Furchen, die in Wirklichkeit winzige Zähne sind! Wenn ein Fisch oder Mensch sich an dieser Haut reibt, kann dies zu Verletzungen führen!

In einigen Ländern wird Haihaut als Schmirgelpapier genommen.

Einige Haie schwimmen 50 km/h schnell! Schneller darf ein Auto in der Stadt nicht fahren.

Schwimmen

Haie sind schnelle Schwimmer. Normalerweise schwimmen sie mit einer Geschwindigkeit von zwei bis fünf Stundenkilometern. Aber wenn sie müssen, können sie noch sehr viel schneller schwimmen.

Die meisten Haie schwimmen, indem sie ihre *Schwanzflossen* hin- und herbewegen. Haie haben zwei Flossen auf dem Rücken – die *Rückenflossen*.

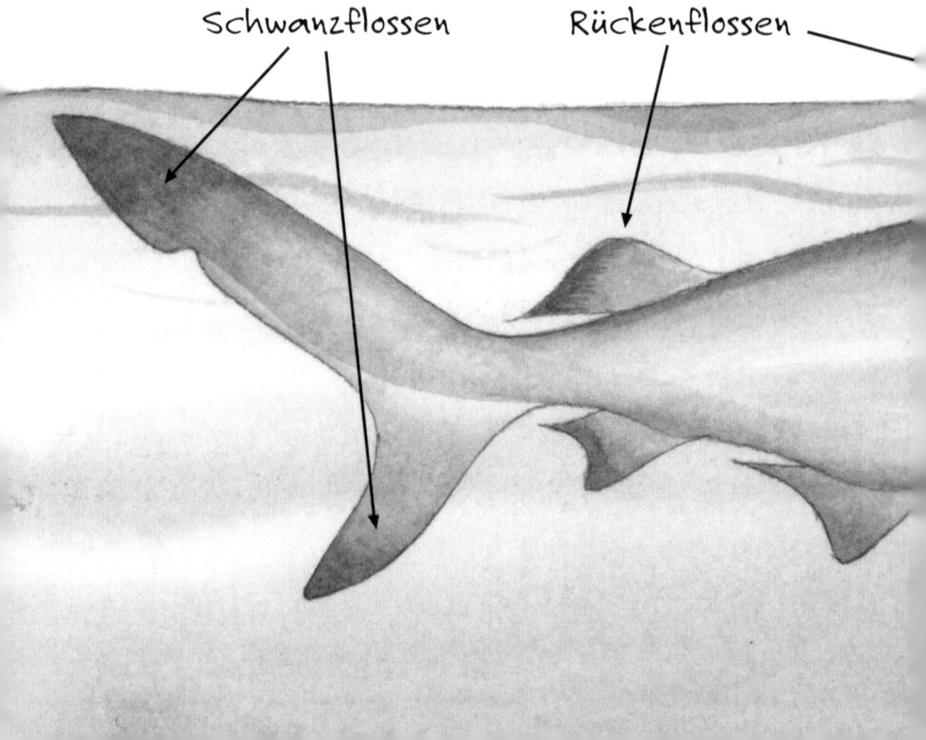

Diese zwei Flossen sorgen dafür, dass die Tiere nicht umkippen. Ihre vorderen, seitlichen Flossen nennt man *Brustflossen*. Mit ihnen ziehen sich die Haie beim Schwimmen nach oben.

Atmung

Haie haben keine Lungen. Stattdessen besitzen sie fünf bis sieben Kiemenpaare, die sich beiderseits am Kopf befinden. Kiemen sind kleine Öffnungen. Sie filtern

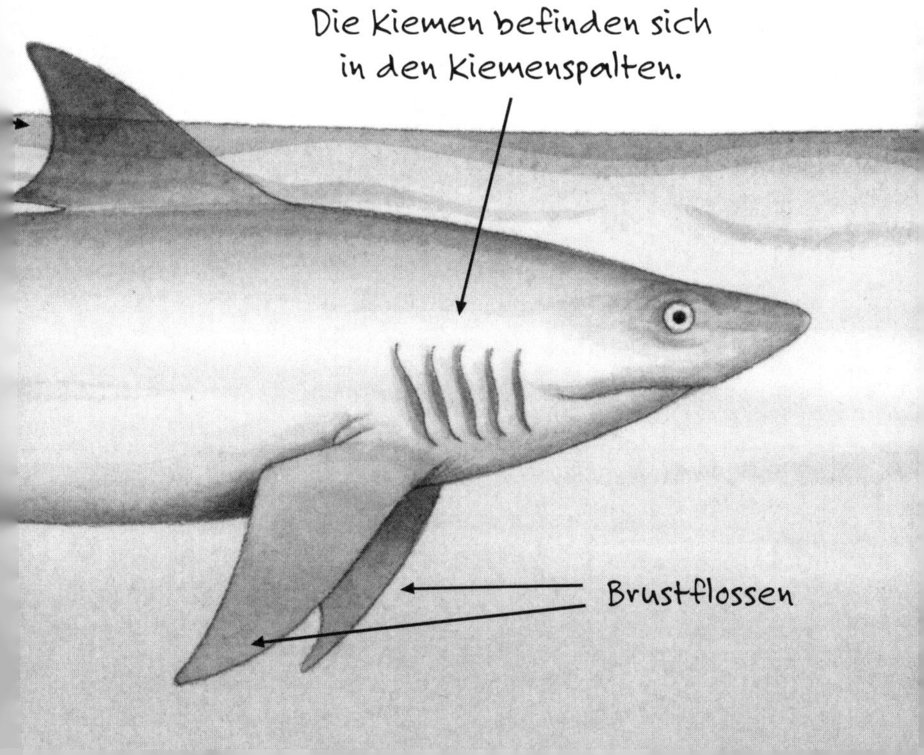

den Sauerstoff aus dem Wasser und geben ihn an den Körper des Hais weiter. Der Sauerstoff gelangt in den Blutkreislauf des Hais. So kann der Hai auch unter Wasser atmen und muss nicht zur Oberfläche hinaufschwimmen. Einige Haie schwimmen mit geöffnetem Maul. Dadurch strömt das Wasser nach hinten zu den Kiemen.

Früher glaubten Wissenschaftler, dass Haie sich ständig bewegen müssen, damit sie genug Sauerstoff zum Atmen haben. Aber vor über 30 Jahren machten sie eine Entdeckung und änderten ihre Meinung.

Blättere um, und du erfährst, was die Wissenschaftler entdeckten!

Die Höhle der schlafenden Haie

1969 tauchte ein Fischer vor der mexikanischen Küste. Verblüfft entdeckte er in einer Höhle eine Gruppe regloser Tigerhaie! Ihre Augen waren geöffnet, aber die Haie schienen sich auszuruhen.

Tigerhaie können sehr gefährlich werden, aber der Fischer konnte sich ihnen nähern und sie sogar berühren!

Wissenschaftler untersuchten das Wasser in der Höhle. Sie fanden heraus, dass hier Frischwasser und Salzwasser vermischt waren. Frischwasser enthält viel mehr Sauerstoff als Salzwasser.

Durch diesen vermehrten Sauerstoff konnten die Haie atmen, ohne sich zu bewegen. Der erhöhte Sauerstoffgehalt versetzte die Tiere in einen Ruhezustand.

5

Haie als Raubfische

Haie sind wie gemacht für die Jagd. Auf der Suche nach Beute bewegen sie sich lautlos durchs Wasser. Sie fressen Seehunde, Seelöwen, Tintenfische, Meeresschildkröten, Kraken, andere Haie, Delfine, Schalentiere, Seevögel und eine Menge Fisch. Wenn die Zeit für ein Mahl gekommen ist, dann verlassen sich die Haie auf mehrere Sinne, um ihre Nahrung zu finden.

Gehör

Haie haben einen sehr ausgeprägten Hörsinn und nehmen Geräusche wahr, die

Menschen nicht hören können. Im Umkreis von 800 Metern machen sie die Bewegung möglicher Beutetiere aus!

Ein Großteil ihrer Nahrung besteht aus Fischen, die geschwächt sind und nicht mehr richtig schwimmen können. Wenn die Haie diese Fische platschen oder unregelmäßig schwimmen hören, bewegen sie sich auf das Geräusch zu.

Seitenlinienorgan

Ein anderes Sinnesorgan der Haie ist das *Seitenlinienorgan*. Dies ist ein Band von Sinneszellen, das auf beiden Seiten des Körpers bis zum Kopf hinauf verläuft.

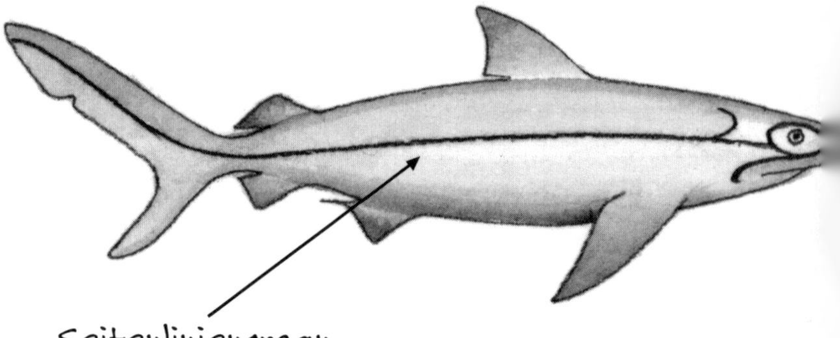

Mit diesen Nervenzellen kann der Hai Schwingungen oder Bewegungen spüren. Haie spüren die Bewegungen ihrer Beute auf etwa drei Meter Entfernung.

Manchmal fällt das Sehen im Wasser schwer. Das Seitenlinienorgan hilft den Haien auch in trüben Gewässern, Nahrung zu finden.

Es ist Fressenszeit für den Tigerhai!

Haie riechen zwar mit der Nase, aber sie atmen damit nicht.

Geruchssinn

Haie haben einen sehr guten Geruchssinn. Dies ist sicher ihr wichtigster Sinn. Wenn sie auch nur einen winzigen Hauch von etwas Interessantem riechen, verfolgen sie die Spur bis zu ihrem Ursprung zurück.

Da Haie oft verwundete oder schwache Fische als Beute haben, zieht sie der Geruch von Blut sehr stark an. Haie können einen Tropfen Blut auf eine Entfernung von 300 Metern riechen.

Weil sie schwache oder sterbende Fische fressen, helfen Haie, das Meer sauber zu halten.

Sehsinn

Haie können ausgezeichnet sehen! In klarem Wasser erkennen sie ein Objekt aus 20 Metern Entfernung. Ihre Augen befinden sich seitlich am Kopf. Dadurch haben die Haie ein weites Sichtfeld.

Sie können nachts genauso gut wie am Tag sehen. Haie, die in tieferen Gewässern leben, haben in der Regel größere Augen als solche, die näher an der Wasseroberfläche leben. Mit ihren großen Augen

Forscher nehmen an, dass Haie auch Farben sehen können.

können sie die Gegenstände in der Dunkelheit besser erkennen.

Kurz vor einem Angriff schließen manche Haie ihre Augen und rollen sie nach innen. Das schützt die Augen davor, von Knochen oder scharfen Gegenständen getroffen zu werden.

Da sie dann nichts sehen, müssen sie einen anderen besonderen Sinn in der Nasengegend benutzen, um ihr Ziel nicht zu verfehlen. Mithilfe von diesem Sinn nehmen sie winzige elektrische Ströme der sich bewegenden Beute wahr. Haie können also mit geschlossenen Augen „sehen“.

Haie mögen glänzende Gegenstände, wie zum Beispiel Schmuck.

Wenn Haie zum Angriff bereit sind, klappen sie ihr Maul auf und schieben den Oberkiefer nach vorne. Die Zähne treten dadurch hervor, sodass sie den Fang besser packen können.

Haie

Raubtiere

Gutes Gehör

Seitenliniensorgan

Hervorragender Geruchssinn

Sehr gutes Sehvermögen

Blättere um, und sieh dir an,
was Haie fressen!

Haie fressen merkwürdige Sachen!

Eigentlich sind Haie sehr wählerisch beim Fressen! Nur aus Versehen fressen sie etwas anderes als Meerestiere. Forscher glauben, dass dies passiert,

weil sie unmittelbar vor dem Angriff die Augen schließen. Es sind schon erstaunliche Dinge in Haimägen gefunden worden!

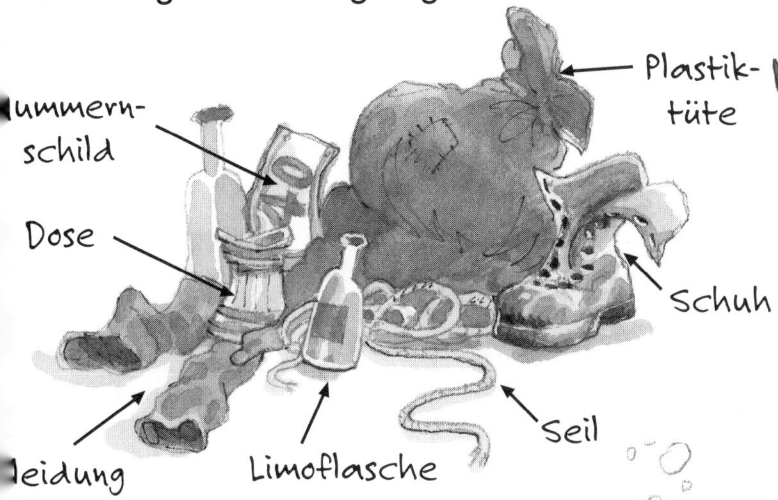

6

Haiangriff!

Zahlreiche Bücher und Filme handeln davon, dass Haie Menschen anfallen. Deswegen haben viele Angst, im Meer zu schwimmen. Aber ist diese Angst berechtigt? Wie oft kommt es tatsächlich vor, dass Haie Menschen angreifen?

In Wahrheit kommt es sehr selten vor. Auf der ganzen Welt baden jeden Tag Millionen Menschen. Und trotzdem greifen die Haie nur selten jemanden an.

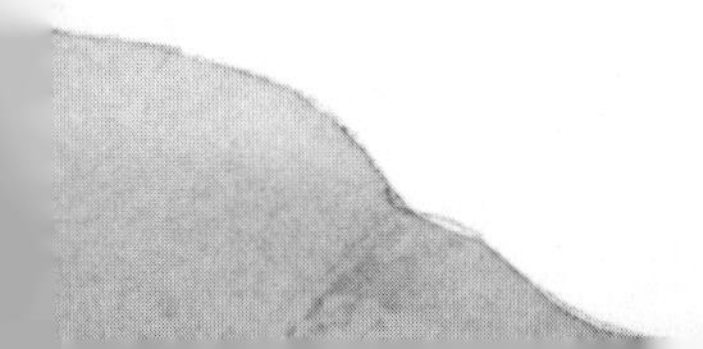

Es ist viel wahrscheinlicher, dass dir eine Kokosnuss auf den Kopf fällt oder du von einem Elefanten getreten wirst, als dass dich ein Hai anfällt!

Attackiert ein Hai doch mal einen Menschen, dann tut er das meistens nur, weil er verwirrt ist. Denn eigentlich sind Haie scheu. Forscher nehmen an, dass Haie Menschen mit Seelöwen oder anderen Meerestieren verwechseln, die sie normalerweise fressen.

Von den über 350 Haiarten weiß man von nur 32, dass sie Menschen angegriffen haben.

Manchmal greifen Haie Schwimmer oder Surfer an. Aber sie werden nicht von den Menschen angelockt, sondern von dem Platschen und von Bewegungen!

Die Haie schwimmen heran, um nach Nahrung zu suchen. Sie halten die Menschen für zappelnde Fische.

Auch Speerfischer wurden schon von

Haien angegriffen. Das Blut der mit dem Speer erlegten Fische zieht die Tiere an. Die meisten Speerfischer ergreifen deswegen Vorsichtsmaßnahmen. Sie nehmen speziell verschließbare Tüten mit, in die sie die erlegten Fische stecken können. Haie auf Nahrungssuche kommen ihnen dann meist nicht in die Quere!

Taucher können sich ohne Angst inmitten von Haien bewegen.

Schutz vor Haiangriffen

Schwimmer können sich vor Haiangriffen schützen. Vor den Küsten Australiens und Südafrikas gibt es viele Haie. Dort gab es auch schon Probleme mit angreifenden Haien. Um die Schwimmer zu beschützen, hat man dort Netze aufgestellt. Seitdem gibt es dort keine Angriffe mehr.

Wissenschaftler entwickeln Sprays, die Haie fern halten sollen.

Einige Taucher haben Tauchanzüge aus Metall getestet, um sich vor Haien zu schützen. Diese Anzüge schützen zwar vor kleineren Haien, aber sie versagen bei größeren. Die Tiere beißen das Metall einfach durch.

Taucher in einem Metallanzu

Hier einige Hinweise zum sicheren Schwimmen!

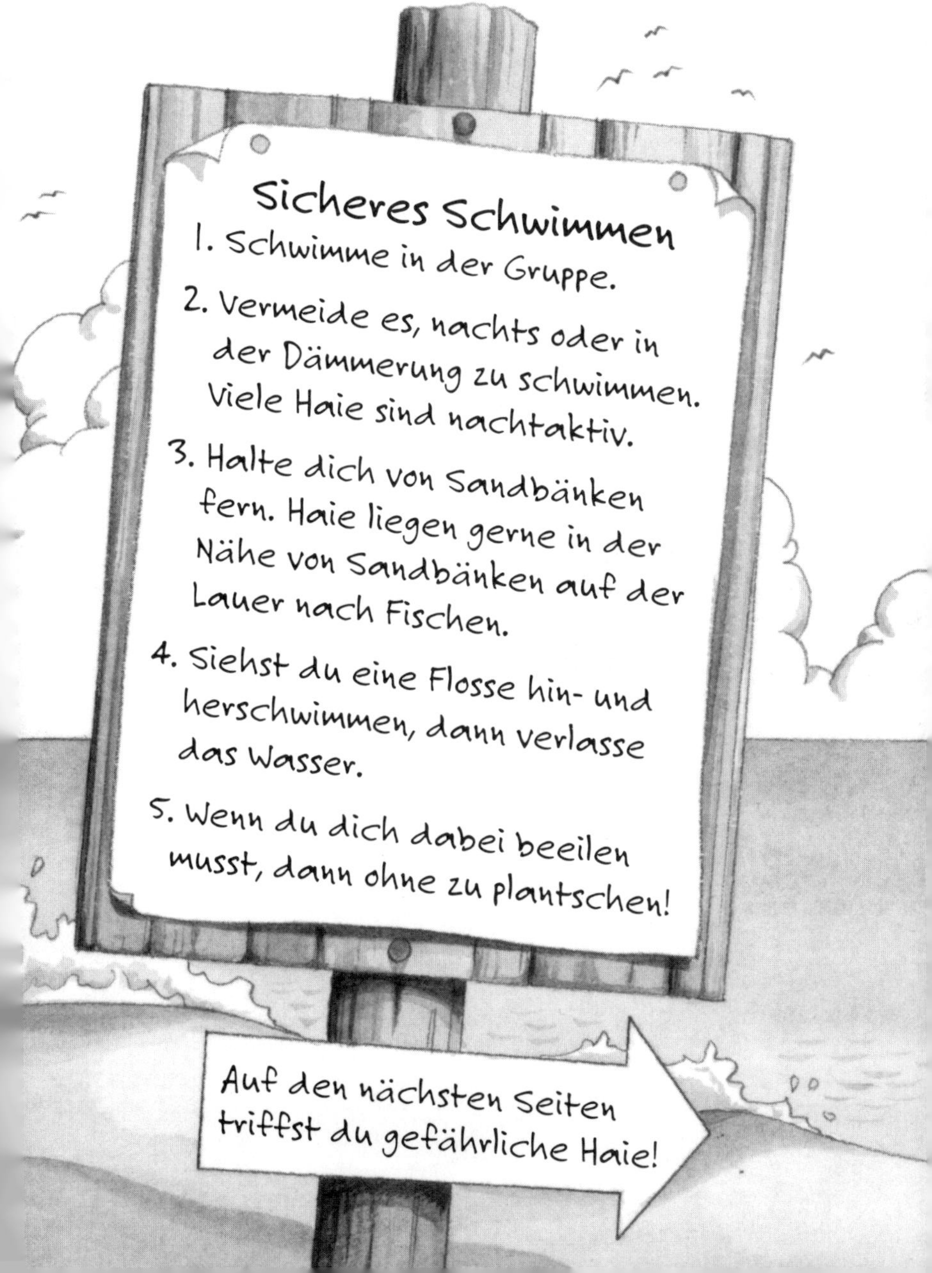

Weißhai

Länge: bis zu 6 Meter

Gewicht: bis zu 3 000 Kilogramm

Begegnen wir dem Hai, der im Meer die größte Furcht erregt!

Es ist der Hai aus dem Film *Der weiße Hai*. Er ist ein Riese. Aber nicht nur seine Größe ist außergewöhnlich, der Hai besitzt 3 000 Zähne!

Weißhaie attackieren Menschen nur sehr selten. Aber sie fressen Fische, Seelöwen, Seehunde, Otter und Seeschildkröten. Nach einer großen Mahlzeit fressen sie manchmal zwei Monate lang gar nichts.

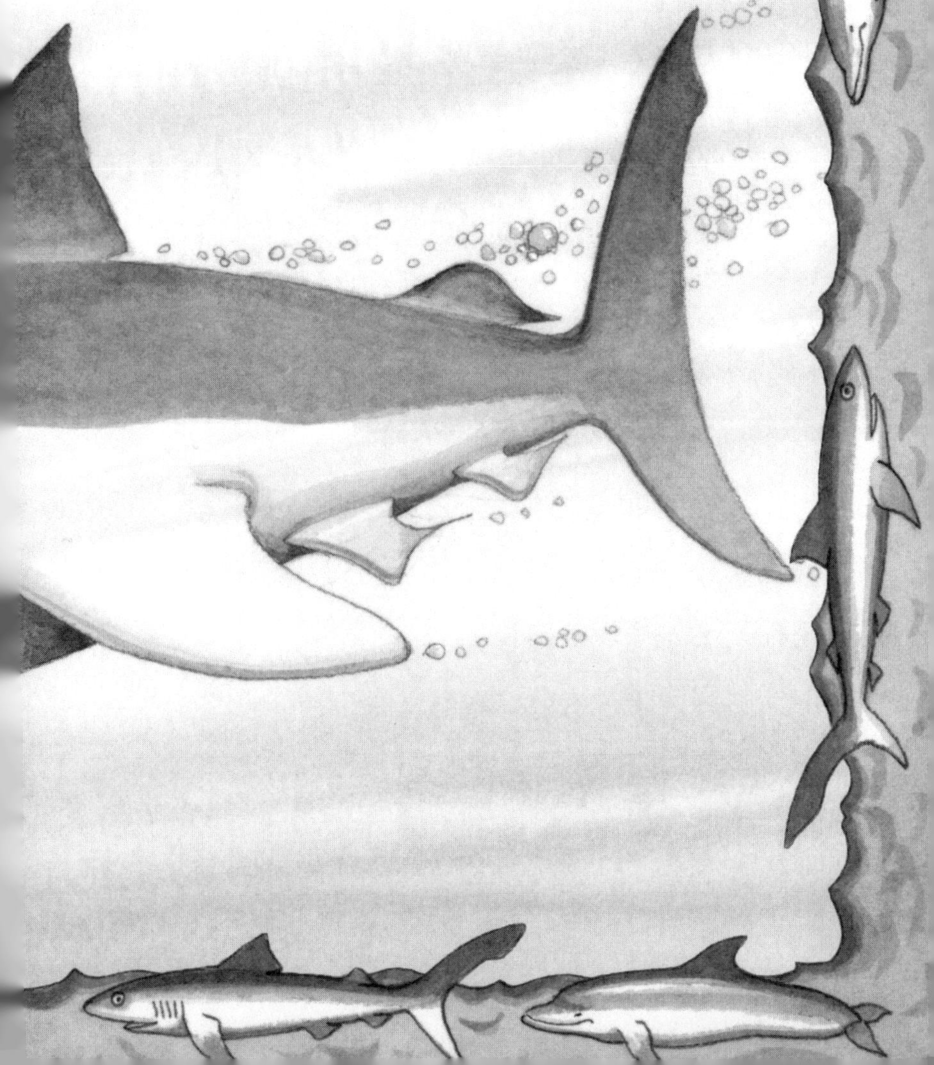

Tigerhai

Länge: bis etwa 3,30 Meter

Gewicht: über 900 Kilogramm

Tigerhaie heißen so, weil sie dunkle Streifen auf ihrem Rücken haben. Aber die sind dunkelgrau und nicht braun wie bei den Tigern.

Weil die Tigerhaie so viel Abfall fressen, nennt man sie auch die „Mülleimer des Meeres“. Sie scheinen wirklich alles zu fressen.

Wenn sie zu viel Abfall zu sich genommen haben, spucken sie diesen wieder aus!

Großer Hammerhai

Länge: bis zu 6 Meter

Gewicht: bis zu 450 Kilogramm

Der Hammerhai wird so genannt, weil sein Kopf die Form eines Hammers hat! Auf der Suche nach Beute schwenken

die Hammerhaie ihren Kopf von einer Seite zur anderen. Ihr Aussehen mutet sonderbar an. Da ihre Augen so weit auseinander stehen, können sie besonders gut sehen. Die besondere Kopfform ermöglicht es ihnen, sich beim Schwimmen schnell umzudrehen – das funktioniert ähnlich wie bei einem Schiffsruder.

Manchmal greifen Hammerhaie auch Menschen an, aber am liebsten fressen sie Stachelrochen.

Gemeiner Grundhai

Länge: bis etwa 3,30 Meter

Gewicht: bis zu 230 Kilogramm

Der Gemeine Grundhai wird auch Bullenhai genannt. Seine Schnauze sieht ein bisschen wie die eines Stieres aus. Sein Maul ist eher breit, und sein Körper wirkt fast ein bisschen pummelig.

Bullenhaie schwimmen nicht so flink wie andere Haie. Im Gegensatz zu den meis-

ten anderen Haien leben sie sowohl im Salz- als auch im Süßwasser. Beispielsweise leben sie in den Flüssen Ganges, Amazonas, Sambesi und auch im Nicaragua-See. Man hat sie sogar schon im Mississippi entdeckt.

Bullenhaie sind sehr aggressiv und greifen Menschen häufiger an.

Einige Wissenschaftler behaupten, sie seien „die gefährlichsten Haie der Welt“.

Makohai

Länge: 1,50 Meter bis 3,60 Meter

Gewicht: bis zu 450 Kilogramm

Wegen seines geschmeidigen Körpers nennen die Wissenschaftler den Mako den „perfekten Hai“. Er ist tiefblau und glänzt silbrig. Der Makohai ist maßgeschneidert für Tempo und Eleganz. Im Gegensatz zu den meisten anderen Haien

kann der Mako aus dem Wasser hochspringen. Makos findet man nahe an der Wasseroberfläche, aber auch bis zu 350 Meter tief.

Einige Wissenschaftler sind der Ansicht, dass es die schnellsten Haie der Welt sind. Sie können auf Kurzstrecken Geschwindigkeiten von bis zu 100 km/h erreichen!

7

Schutz von Delfinen und Haien

Seit ewigen Zeiten leben Delfine und Haie in unseren Weltmeeren. Doch in der heutigen Zeit drohen ihnen viele Gefahren.

Jedes Jahr sterben über 3 000 Delfine in den riesigen Fangnetzen der Fischer. Einige Delfine verletzen sich bei dem Versuch, sich aus dem Netz zu befreien. Andere werden getötet, um zu verhindern, dass sie den Fang fressen. Tausende von Delfinen werden zu Nahrungszwecken oder von Sportfischern getötet.

Von den Haien sterben jährlich 30 bis 100 *Millionen*. Sie werden mit Netzen oder von Sportfischern gefangen und teilweise als Nahrungsmittel verwendet. Viele Haie werden ausschließlich wegen ihrer Flossen umgebracht.

Haifischflossensuppe ist in vielen asiatischen Ländern sehr beliebt.

Viele Haie sterben durch die Kugeln von Fischern. Sie werden erschossen, weil sie in der Nähe von Booten Fische fressen.

Gefährdete Meere

Die Weltmeere als Lebensraum von Delfinen und Haien sind ebenfalls bedroht.

Wissenschaftler gehen davon aus, dass der Schiffslärm die Echo-Ortung stört.

Sie sind besorgt darüber, dass Umweltverschmutzung, Abfall, Klimawandel und Überfischung das Leben im Ozean gefährden. Wenn den Weltmeeren Schaden zugefügt wird, betrifft dies alle Meereslebewesen.

Mithilfe von Mini-U-Booten untersuchen Wissenschaftler die Tiefsee.

Forschung

Wissenschaftler erforschen das Leben der Delfine und Haie, um ihnen helfen zu können. Sie fotografieren die Delfine und verfolgen ihre Wege durch die Meere. Außerdem bleiben sie den Haien auf der Spur, indem sie ihnen besondere Markierungen an der Haut befestigen. Sie zählen die Haie und erforschen ihren Lebensraum. Dadurch erfahren die Forscher, wie sich Veränderungen im Meer auf das Leben von Haien und Delfinen auswirken.

Diese Wissenschaftler vermessen gerade einen Zitronenhai und markieren ihn.

Naturschützer in Massachusetts
helfen einem gestrandeten Delfin.

Naturschutz

Wenn Wissenschaftler und Freiwillige sich zusammenschließen, um Delfine und Haie zu schützen, werden sie zu *Naturschützern*.

Naturschutzgruppen setzen sich für Gesetze ein, die dem Fischfang mit

Riesennetzen ein Ende bereiten. Die weitere Verschmutzung der Meere durch Chemikalien und Abfall versuchen Naturschützer aufzuhalten, denn sie wissen, dass ein gesunder Ozean für alle Meereslebewesen notwendig ist.

Was kannst du tun?

1. Du kannst helfen, indem du keinen Abfall am Strand liegen lässt.
2. Du kannst deine Eltern bitten, nur noch Tunfisch zu kaufen, der delfinfreundlich gefangen wurde.
3. Du kannst deinen Müll trennen und beim Recycling (der Abfallwiederaufbereitung) mithelfen.
4. Du kannst gemeinsam mit deiner Familie Naturschutzgruppen unterstützen.
5. Deine Klasse kann Briefe an den

Gesetzgeber schreiben. Bittet ihn, Gesetze zum Schutz des Meeres und seiner Bewohner zu verabschieden.

Mit deiner Hilfe können Delfine und Haie ein langes Leben in ihrer wunderbaren Heimat unter Wasser verbringen. Je mehr du über die Natur erfährst, umso besser kannst du dich für die Haie und Delfine auf der ganzen Welt einsetzen!

Register

Mary Pope Osborne und ihre Schwester **Natalie Pope Boyce** wuchsen auf amerikanischen Militärbasen in der ganzen Welt auf. Heute lebt Mary in New York City und Connecticut. Natalie wohnt in der Nähe des Berkshire-Gebirges in Massachusetts. Mary hat über 50 Kinderbücher geschrieben. Sie und ihre Schwester arbeiten gemeinsam an vielen weiteren *Forscherhandbüchern*. Über ihre Arbeit an dem Forscherhandbuch „*Delfine und Haie*" berichten sie:
„Vor vielen Jahren, als wir noch Kinder waren, lebte unsere Familie in Virginia. Wir hatten ein Haus am Meer. Und wir verbrachten viele Tage damit, am Strand nach Seesternen und Muscheln zu suchen. Von unserem Wohnzimmerfenster aus sahen wir, wie Delfine in den Wellen spielten. Ein Höhepunkt bei unserer Recherche für dieses Buch war der Besuch eines riesigen Aquariums. Begeistert schauten wir uns die Geschöpfe an, über die wir so viel gelernt hatten. Nun, da wir dieses Buch geschrieben haben, sind wir mehr als jemals zuvor davon überzeugt, dass es wichtig für uns alle ist, die Weltmeere und die in ihnen lebenden Tiere zu schützen."

Bildnachweis

AP/Wide World Photos (Seite 187). Brandon Cole/ www.brandoncole.com (Seite 110). Francisco Cruz/ SuperStock (S. 189). GEORGETTE DOUWMA/SPL/ Photo Researchers, Inc. (Seite 149). David Fleetham (S. 106). Stephen Frink/The WaterHouse (Seite 135). Lowell Geogia/CORBIS (Seite 143 oben). Philipp Gould/CORBIS (Seite 143 unten). Greg Huglin/ SuperStock (Seite 156, Seite 161). Gwen Lowe/ Seapics.com (Seite 146). NATIONAL GEOGRAPHIC IMAGE COLLECTION/Dr. Darlyne A. Murawski (Seite 103). NATIONAL GEOGRAPHIC IMAGE COLLECTION/Brian Skerry (Seite 169). MIKE PARRY/ Minden Pictures (Seite 115, Seite 152). Doug Perrine/ Seapics.com (Seite 102, Seite 144, Seite 159, Seite 184). PhotoDisc/Getty Images (Seite 133). Mick Roessler/SuperStock (Seite 185). Joel W. Rogers/ CORBIS (Seite 182). Jeffrey L. Rotman/CORBIS (Seite 132, Seite 146, Seite 186). Kevin Schafer/ CORBIS (Seite 142). Ron & Valerie Taylor/Seapics.com (Seite 170). Ingrid Visser/Seapics.com (Seite 130). Michele Westmorland/CORBIS (Seite 101 unten). Larry Williams/CORBIS (Seite 101 oben).

Das magische Baumhaus

Forscherhandbuch

Alle Hintergründe zu Annes und Philipps Reisen findest du in den Forscherhandbüchern!

Band 4

ISBN 978-3-7855-5791-4

Band 7

ISBN 978-3-7855-5794-5

Band 8

ISBN 978-3-7855-5792-1

Band 2

ISBN 978-3-7855-4508-9

Loewe